Michael Murphy's heart-felt first book, "Dennisisms — Life Lessons I Learned From My Father" is a wonderful labor of love to perpetuate the legacy of his father, Dennis L. Murphy, the founder of the Murphy Auto Group. Dennis was a self-made man, an entrepreneur, a visionary, and a humble philosopher who learned much in life and made it his life's work to teach others along his life journey. Michael shares his father's business acumen and philosophy through what he calls "Dennisisms," which are logical, practical, and ethical guides for success, not only in business, but in life. For those who have lost their father, Michael pours out his heart and offers the personal cathartic healing that we go through with the passing of a parent, who was also a best friend, business partner, golf partner, life coach, mentor and most importantly – a Father. This is a great tribute to a successful businessman, with lessons we can all learn from great Father! Knowing Michael and having read "Dennisisms," I look forward to meeting Dennis "on the other side!"

KARL HORST, MAJOR GENERAL, U.S. ARMY (RETIRED)

"This book is a culmination of one man's spirit and drive to be successful, not only in business but in life. Dennis always took the time to teach, it was up to you to take the time to learn. Mike Murphy is a walking, talking example of Dennisisms. I believe Mike was Dennis's end in mind."

ALAN L. MURPHY

"Dennis Murphy was a thoughtful leader, a dedicated father, and inspiring entrepreneur. Michael Murphy's very personal recollection of his Father provides unprecedented insight on the man that created a sustainable business legacy while encouraging so many others to be their best selves…lessons we can all employ to better each other personally and professionally."

PUNIT SHAH, CHIEF EXECUTIVE OFFICER, LIBERTY GROUP

"Mike Murphy is one of the most humble people I've ever met and a real genuine man. This book is filled with real life lessons and very well illustrated by a son who loves and admires his father."

VICK TIPNES, BLACKSTONE MEDICAL SERVICES

Hebrews 11:1
"Now faith is being sure of what we hope for
and certain of what we do not see."

Why Is This Book Bilingual?

My father did not speak Spanish, but this book has been translated to Spanish to honor my Colombian wife, Sylvana León Murphy, who knew, respected and loved Dennis Murphy as her father-in-law and mentor. Sylvana, thank you for being my emotional anchor during such devastating loss. I love you. Thanks to Verónica León, my sister-in-law, for the Spanish translation.

This translation is also in honor of our loyal Spanish speaking associates and clientele. Your loyalty to our dealerships is responsible for a great deal of our success. I thank you and hope these life lessons will guide you in your search for the American Dream.

--Mike Murphy

CONTENTS

8   Acknowledgments

12   Preface • *Why This Book And Why Now?*

18   Introduction • *To Understand Dennisisms, You Must Know Dennis*

24   Chapter 1 • *If It Is To Be, It Is Up To Me*

32   Chapter 2 • *In Need Of A Goal Setting Seminar*

38   Chapter 3 • *You Got To Have Shared Vision*

44   Chapter 4 • *Remember The Mooch Factor*

52   Chapter 5 • *Adopt It, Then Adapt It*

60   Chapter 6 • *Focus On Sustainable Growth*

68   Chapter 7 • *Marginal People Know They Are Marginal*

76   Chapter 8 • *The Closed Loop Concept*

84   Chapter 9 • *Invest In Yourself And Don't Bet On Others*

92   Chapter 10 • *Remember Your Six Circles of Influence*

100   Closing • *How Dennis Still Teaches Us Today*

104   About The Author • *Michael Dennis Murphy*

To Reagan,
I wish you had gotten more time with your grandpa
here on earth, but you can always pray to him.
You are our future.

ACKNOWLEDGMENTS

This book would not be possible if it weren't for my father opening his life up to me professionally when I was only 14 years old. I would like to recognize a few individuals who inspired me.

"Coach" Chris Ruisi, you were an amazing example of how to invest in others; you changed my life.

My mom, **Janine**; my wife, **Sylvana**; my sister, **Jennifer**, her husband, **Jeff**, and sons, **Ayden** and **Axten**, and my sister, **Daniele**; my uncle **Alan**; my stepdad, **Steve**; stepmom, **Brenda**; and stepsisters, **Priscilla and April**; my father-in-law, **Alvaro**, my mother-in-law, **Piedad**, and my sister-in-law, **Verónica**. Of course, my extended family; you have all taught me so much about humility, grace, and determination.

My Pakistani brothers, **Imran** and **Fahad**; my Pi Kappa Alpha brothers, **Troy, Dutch, Chip, Gerber, Smitty** (#1 and #2), **Robby**; my childhood brother, **Keith.** I would also like to thank **Dr. Mike O'Neal**, traditional care doctor, and **Dr. Alvaro Colorado**, alternative medicine doctor. And so many more I could list.

My coworkers, **Mat, Andres, Noonan, Tina, Rodney, Brian, Barbara, Rodriguez**, and **General Horst**, you mean so much to me; your loyalty and hard work are supernatural. **Ernie Vadersen**, you were a mentor to me.

I would also like to thank my daughter, **Reagan**. You are the reason I am writing this book. I want you to know all the great lessons your grandpa taught me and hundreds of others. Your grandpa did not care if you were the lot porter or chief operations officer; he wanted to train you personally. Your grandpa knew the value of teaching workers, because with proper guidance, workers would succeed in any role for which they are trained.

MULTIPLE MYELOMA
Research Foundation

Our mission

To discover and advance a **cure** for each and
every multiple myeloma patient.

www.themmrf.org

Our Culture

Urgency

We move fast. In the battle against cancer, we know time is of the essence — that's why it's imperative we work quickly and diligently when it comes to making the best decisions for patients. We streamline communications among partners and share critical data with researchers to accelerate a cure for each and every multiple myeloma patient.

Innovation

We believe in disruption. Curing cancer isn't about solving problems — it's about finding transformative solutions that change the way things are done forever. We tackle the big picture — like creating large, accessible clinical datasets — and all the little details — down to individuals' DNA — to be on the cutting edge of cancer research.

Results

We believe innovative business practices make a big impact — and thanks to the business acumen of our leadership, we are a results-driven organization. We have helped bring 13 multiple myeloma drugs to market and many more are in the pipeline. Clinical trials for myeloma patients were a rare occurrence prior to the MMRF — so we opened over 80 clinical trials. Because of our relentless work in collaboration with our partners and the community, multiple myeloma patient survival rates have increased from 3 years to 10 years.

Lastly, I want to thank my dad, **Dennis Murphy**. Dad, you were and are my superhero, best friend, business partner, golf partner, mentor, and, on a few occasions, my roommate. The lessons you taught me made me who I am. Our time shared at baseball and football games were some of the best moments of my life. We played hundreds of rounds of golf together, and I loved the fact you wanted to beat me at golf and everything else we did. Thank you for inspiring my competitive spirit. The last year of your life was incredible. We shared many "lasts" together: last Pro-Am, last FSU vs. The U. We celebrated my first and your last Father's Day, Thanksgiving, and Christmas. I love you, and I miss you every day. My life will never be the same without you, but I find comfort in the fact that God does not make mistakes, and we will be together again in Heaven. Until then, please watch over me and guide me.

Multiple myeloma took my dad's life, and he left earth too soon. I want to help find a cure for this terrible disease and protect other families from having to go through what we experienced. For 10 years I have been donating my hair to Locks of Love, my money and my time to fight cancer, and now, 50% of the proceeds from *Dennisisms* will go to the Multiple Myeloma Research Foundation. Thank you for your contribution to this very worthy cause.

Dennis and his grandson, Ayden, after chemotherapy.

LIFE

CAN ONLY BE
UNDERSTOOD
BACKWARDS;
BUT IT MUST BE
LIVED FORWARDS.

- Soren Kierkegaard -

PREFACE

Why This Book and Why Now?

Why this book and why now? The answer is simple: to memorialize as much as I can while my dad's teachings are fresh in my mind for my daughter, Reagan, and the grandchildren dad never had a chance to meet. In addition to educating the next generation of Murphys, I want to share Dennis' teachings with anyone who wants to reach their potential. My dad was my best friend, and I miss him so much.

Dennis and Mike at the February 1, 2009, Superbowl.

The end of my dad's life happened so fast. Although he fought cancer for over 12 years, no one saw his passing coming so quickly. I never got to have the conversations at the end of his life that I thought I would: *How do you want your funeral to go? Where do you want to be buried? How can I help complete your wishes for friends and family members?* I had to guess at those answers, but one thing I never had to guess about was what my dad wanted in business and out of others professionally.

My first desired outcome for you is that by reading these Dennisisms and answering the questions at the end of each chapter, you will apply these Dennisisms to your life. I also would like for you to look at your work in this book to track and celebrate your development.

Dennis Murphy knew a good education was extremely important in every area of one's life, including business and formal education. To understand why education was so important to my dad, you must know that my dad's father could not read or write, and his life, like all of ours, was about overcoming adversity and headwinds. Dennis was drafted out of high school by the Los Angeles Dodgers and spent five years in his first career as a professional athlete. His second career was as a car salesman. This career lifted the entire family out of poverty.

Dennis in 1967, drafted by Los Angeles
Dodgers from Southwest Miami HS

Mike and Dennis, the Heritage Pro-Am 2012

My last desired outcome for you from reading this book is for you to know that you too can accomplish financial freedom!

I started working alongside my father at Murphy Auto Group when I was 14 years old. My first position was as a vehicle detailer.

Every few months, I would be assigned a new boss and a new position, usually in a different department. Even though my parents were divorced, this did not stop my dad and me from talking everyday. We would talk about what I learned at the dealership and how I could apply those lessons to business, sports, and life.

This routine did not change, ever. Dennis retired from the daily operations of Murphy Auto Group at the end of 2016, and I was promoted to chief executive officer. Today the empire includes five dealerships, including two Toyota, two Nissan, and one Chrysler Dodge Jeep Ram, in addition to several ancillary companies and about 400 employees.

The last conversation I had with him before he went to the hospital was about specific directions he wanted to see carried out regarding a new start-up company to be included in the Murphy Auto Group empire. We never stopped talking about family, faith, sports, and business, ever. We were best friends, but we were also golf partners playing in hundreds of tournaments, from charity scramble tournaments to televised PGA Pro-Am tournaments.

Having your father, a former professional athlete, as your sports partner, creates a certain amount of pressure, anxiety, and excitement. We competed our asses off, winning dozens upon dozens of tournaments. Dad always said golf and baseball were a lot like life and business. In both sports you failed a lot more than you won. In baseball, as an example, getting a hit three out of 10 times over multiple years would designate you as a Hall of Famer. A 30% success rate, crazy, right? Well, in automotive retail, we try to maintain a 30% sales rate of all people who walk into the dealerships.

I never knew how much of a teacher dad was until his funeral, where his pastor, Greg Johnson, told me about a curriculum and training outline the two of them were writing together. Who knew Dennis wanted to become a professor of entrepreneurship from the school of hard knocks? My father's funeral was the true inspiration for this book. My eulogy to my father included the "Top 10 Dennisisms" he used to educate our co-workers, friends, family and members of his church. After the service was over, I was surprised by how many people asked me questions about the "Top 10 Dennisisms." People could not write down the Dennisisms and notes fast enough. Keeping everyone at the funeral in mind, I decided to write this book to honor, from my point of view, the greatest dad, and to ensure his teachings live on. So, let's get started, there is no time like the present, that is why they call it the present! As you will learn, in the words of my coach and mentor, Chris Ruisi, now is the time to "Step Up and Play Big."

In loving memory of my friend and mentor, Chris Ruisi, my CEO coach.

INTRODUCTION

To Understand Dennisisms,
You Must Know Dennis

"When the student is ready the teacher will appear.
When the student is truly ready, the teacher will disappear."
—Lao Tzu

To understand Dennisisms, you must understand Dennis Murphy. He was the second born of three boys: Larry, Dennis, and Alan. To say they lived in poverty would be an understatement. Dennis, along with his two brothers, father, and mother, lived in a two bedroom, one bath, 800 square foot house in Miami, Florida.

Dennis, his mom, Mildred, and his brothers, Alan and Larry.

Dennis became a good coach, by willing to be coached. In his senior year of high school, he won the best athlete of the year award. The award was well deserved as he was the football team's starting free safety, punt returner and punter. Dennis earned a football scholarship to Wake Forest University. But it was in baseball that his athletic talents shone. He was the ace pitcher. Dennis pitched his senior year of high school with an ERA of 0.84. Three days after graduating from high school, the Los Angeles Dodgers drafted Dennis Murphy from his small house in Miami. The next chapter of dad's life began.

Dennis played five seasons of professional baseball, and in his fourth season his team won the World Series in their division. During those five seasons, some great coaches and managers taught Dennis not only baseball, but also how to manage people to their highest expectations. These lessons carried over to his parenting style as well.

Dennis in his 20s

My dad coached me and everyone the same way. He demanded excellence in everything I did. At an early age, my dad would give me a special gift for my birthday and each gift had a different motivational quote on it.

"Success is a journey, not a destination." A large photo he gave me once had that quote engraved below it. Over the next few weeks, he would sit me down and talk to me about the true meaning of the quote and start to educate me by asking, "What does that mean to you, Mike?" No matter what I said, he would not agree or disagree. He stuck to his talking points and was determined to deliver his message. I learned so many valuable lessons this way, including dad's favorite John Wayne quote, "Life's hard; life's harder when you are stupid." That was dad's way of always reminding me to not focus on letter grades in school, but instead to focus on learning life's lessons.

Dennis' gift to Mike referenced below.

On another birthday, he gave me a statue of a football and under it was a Vince Lombardi quote, "The harder you work, the harder it is to surrender." I knew what was coming next. Dad sat me down and explained to me there are only two outcomes from anything you do. You either completed your task and won, or you did not complete your task and lost. Quitting was never an option. Dad wasn't the only one who believed in this concept; it became the normal mindset of everyone close to him. Another quote he would always use was, "If you think you can, or you think you cannot, either way you are right."

Because he never quit, he lived an extra 10 years with the terrible diagnosis of cancer. Because we did not quit, we took a dealership in the bottom 10% of performing dealerships and in one year turned it into a top 10% performing dealership. Because he did not quit, we were able to video record dozens of hours of him coaching and teaching members of Murphy Auto Group and even recorded personal events and holidays. The videos were extremely important in writing this book. The videos made it possible to accurately communicate in detail the 10 Dennisisms that make up this book.

My dad loved to teach with easy quotes. The easier the quote, the more likely you would be to remember it. His parenting style included quotes like the ones mentioned above. His leadership style at his dealership was remarkably similar. One of my dad's favorite stories is about how he built New Port Lincoln Mercury into a successful dealership by sticking to the mission statement: *"To be the Dealership of Choice, Meeting Expectations is Our Business; Exceeding Them is Our Goal."*

New Port Lincoln Mercury sponsoring a tennis tournament.

What did this mean to Dennis? Everything! My dad would reference it every chance he got. If you had to make a decision on what to do about a customer complaint: "See the mission statement." If you were creating or changing a policy, process, or procedure at work, "See the mission statement."

Such a simple motto, *"Meeting Expectations is Our Business; Exceeding them is Our Goal."*

Dennis taught us that "repeat and referral business" was the single most important, and fastest, way to grow personally or as a company. All we needed to do was to make sure people came back for service needs.

Then when they were ready to purchase another vehicle, they would come back for another pleasant experience. Dad wanted the experience to be so impressive our customers would become "raving fans" and they would not be able to keep the good news to themselves. He believed people liked to brag and tell their family and friends about their good experiences, and the great deal they got.

As a father, he taught lessons that were easily remembered, by using a quote as a reference point. As a business owner, he trained his employees the same way. Get ready to learn the top 10 lessons I watched my father teach dozens and dozens of employees, families and friends for four decades, going from salesman to building a team to growing the empire of five dealerships and more than 17 ancillary companies.

This book will make you a better person all around. All you have to do is execute the lessons.

Chapter 1

If It Is To Be, It Is Up To Me

"If my mind can conceive it, if my heart can believe it, then I can achieve it."
—*Muhammad Ali*

The Dennisism: If it is to be, it is up to me.

Origins: Originally credited to William H. Johnsen, there is no biography on him I could find. Reference sites refer to him as a military officer who specialized in aircraft.

Son's Interpretation: You must take ownership of the performance of you and your team. Under no circumstances should you blame others, including any members of your team. You need to hold them accountable; just make sure that is done in private. You are in charge of you! You cannot leave your life or success in the hands of others. Destiny and action go hand in hand. Destiny takes you to the doors of life, but you must take action to walk through those doors. To me, this quote means to accept your destiny, you must take action. No one else can take the action for you.

Dad in Action: It is early 2020, and Dennis is not happy with the increased turnover in the general manager positions at our dealerships in our new market. We had acquired a handful of dealerships about 18 months ago in mid-2018. Because he was so unhappy with the performance of the dealerships, he decided to call for an in-person meeting. We scheduled the meeting, and two weeks later we flew privately from Tampa to the new market. The fact that dad was able to fly at all was impressive. His physicians had installed an electrical device in his back to alleviate pain. Instead, the device kept misfiring and he ended up on one knee like a football player taking a quick break on the sidelines. However, his break lasted almost 90 minutes, or 80%, of the flight. Because he could not stay in his seat for more than five minutes, he would not have been able to travel north if he had been forced to fly on a commercial plane.

Once we arrived in our new market, we checked into our hotel, and Dennis went to rest until the meeting the next day. The meeting was held at a minor league baseball stadium's meeting room. On one wall was a banner with a classic Dennisism: "If It Is To Be, It Is Up To Me." The message was also posted on the big screen video near center field. After the last attendee arrived, Dennis asked them what the quote meant to them personally. About 10 people were in the room, and everyone was offering nonsense.

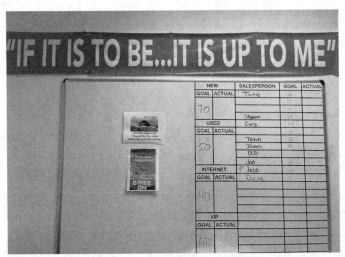

"If it is to be it is up to me" banner placed in training rooms of all dealerships.

Dennis eventually ran out of patience, interrupted the group, and saved them from further embarrassment by answering the question: "The answer is simple! All of the excuses you have been sending to your market area president, the COO, and Mike show a lack of leadership and incompetence. You need to be bringing solutions, ideas, and opportunities to fix something or train somebody." His message was received by about half the room. The good news is half are still employed by Murphy Auto Group, and their dealerships are doing excellent work. The other half were replaced. Dennis believed our general managers were like starting quarterbacks. When things went right, they got overpaid and overpraised, and when things went wrong, they received little money and no praise. Once your leaders start blaming others, the "tail starts to wag the dog," nothing good can grow and blossom. Ineffective leaders are obvious and easy to identify: just look for someone who gives orders that are not followed and executes no repercussions for insubordination and lack of action. This is an ineffective leader. Dad and I would have these beautiful debates about what percentage of businesses have a leader like the type that was just described.

Mike at CDJR Dealership of North Augusta.

"One out of two," I would say. "No way, too low," dad would reply. After many rounds of this back and forth we would always seem to agree only about one out of 10, or three out of 20, of any companies actually had effective leaders. It is mind boggling that nine out of 10 companies have ineffective leadership. But it does clarify why we receive bad service so often. Dad believed effective leaders had the same common characteristics:

- Never blame others.
- Communicate clearly and repeat themselves frequently.
- Train their direct reports individually and hold them accountable to do their assigned tasks.
- Motivate the individuals who make up their teams by forecasting achievable goals per person.
- Hold everyone, including themselves, accountable to do what they said they would do.

How do you measure up? Find some quiet time today and evaluate yourself against the expectations of Dennis Murphy's common characteristics of effective leaders. Pick a single area you want to improve on and text it to yourself every day for a month. Pick a new area the next month if you are ready to move on. If you are not ready, repeat the current area. My dad would always ask me open-ended questions and to journal my answers. The purpose of writing down answers to the questions at the end of every chapter in the Key Takeaways section is to create a personalized continuing education plan (CEP) based on the lessons learned in this book.

The CEP will execute the following process upon the completion of the book:

1. Separate the chapter lessons into two categories:

    A. Lessons the reader agrees with.

    B. Lessons the reader disagrees with.

2. Prioritize the lessons you agree with.

3. Implement the most important lessons in your life first.

4. Create a timeline to complete your personal adoption of all the lessons you agree with.

5. Buy the second book and repeat the process!

Make your dreams come true; it is up to you!

Key Takeaways

For Chapter 1, your journaling and key takeaways should be written down first and then ask yourself the following questions for clarity:

1. Did you agree with the Dennisism?

2. Are you a special person who was created for a special purpose, or are you an accident, just a victim of circumstances and your surroundings?

3. Who is really in charge of your life? Should they be?

4. Who will care more about your success than you do?

5. What is the one thing you are going to do to become a more effective leader?

1.

2.

3.

4.

5.

Chapter 2

In Need Of A Goal Setting Seminar

"A goal properly set is halfway reached."
—*Zig Ziglar*

The Dennisism: In Need of a Goal Setting Seminar.

Origins: This statement was originated by Dennis Murphy and popularized by me and my team. The Dennisism describes someone who seems like a person without purpose. Purpose comes from goals, and dad's Goals Setting Seminars changed many people's lives.

Son's Interpretation: Many people wake up every morning without a purpose. They float through their lives, living paycheck to paycheck, not truly living, but surviving. More enlightened individuals are exposed to the idea of goal setting in various ways, but will fail to do anything with it. Dennis' seminar was about helping the average manager or leader of our auto group figure out their passions and purposes in life. We want all our employees to think about why they do what they do. Does what they want to do bring joy and purpose to their lives? Does it help them achieve their personal and professional goals? What do they want for themselves? If you were able to attend this seminar you would have gained clarity and left a different person. Since dad has passed away, this chapter will give you a road map on how to execute your own personal Goal Setting Seminar.

Dad in Action: It is the end of 2017 and Dennis was looking to get back into coaching our C-Suite and executive employees. So, that December, we held our annual retreat, with a surprise. The meeting would be one day longer, and everyone in attendance was invited to the Goal Setting Seminar. Among the people in attendance were Chief Operations Officer Mat Forenza and Corporate Controller Tina Hires.

After a seminar led by Dennis in Albany, Georgia (Mat Forenza, far right).

After attending the seminar, Mat Forenza stated that "the goal setting seminar allowed me to reset my focus on what truly mattered to me in my life. The goals I wrote down have stayed a consistent focus in my life. Since the first goal setting seminar I had with Dennis, my life has taken a trajectory for the better. I have already accomplished more in my life since that seminar than I could have ever imagined. Dennis believed in the impossible. The seminar helped me to dream and set goals that seemed impossible at that time. However, once I wrote my goals down and developed a plan to achieve them, they were no longer impossible to achieve." Tina Hires expanded by saying, "the gist of what I got from the goals session was that before the session, I hadn't made large goals for myself. I never thought they were possible to achieve, so I didn't bother. After his session, while I know I've got some big goals, for the first time in my life, I believe I could one day obtain some of them."

To begin your goal setting exercise, you need to commit to 90 minutes of uninterrupted silence. The first 15 minutes should be spent going to a relaxing place in your mind. For me, that place is a Japanese dojo on a remote island in Ireland. Become relaxed and then smell the air there. Go there in your mind as much as possible. At the end of the 15 minutes, you should have no worries; the issues of the past will be there when you return. I still can hear my dad saying in a soothing voice, "R-E-L-A-X, relax, free your mind. Don't think, just breathe." Next, spend 15 minutes writing down at least 20 things you want to accomplish during the rest of your professional and personal life. You need at least eight personal goals and eight professional goals. At this point, Dennis would bring up the fact that, "I did this in my late 20s, and as of now, I have accomplished 19 of them. The only goal I haven't completed was playing the saxophone." Now, that would have been a sight! My dad and a saxophone? Maybe with Kenny G's hair... But I digress.

For the next 10 minutes, pray and/or meditate to see if there is anything you want to accomplish that you have not written down. Don't worry, almost everyone ends up adding to their list later. The subconscious will bring up things here you didn't know you wanted. The next 15 minutes needs to be spent on prioritizing your two lists. Start with the most important business goal, then the second, and then the third. Repeat the same process for personal goals. Next, think about a single large goal you are not sure you can achieve. This is where you dream big! My goal is to own a major league baseball team. That is what I mean by dream big. Your big audacious goal will take a lot of time. If you go 20 minutes without completing this section, that is okay; just do not stop. Find your big audacious goal, or should I say, let it find you. Do not move on without it. Upon completion, you should feel exhausted. As my dad would say, "You worked out a muscle you have never, or rarely, worked out." Your subconscious will start working on making your goals a reality. As soon as you let it, you will feel your subconscious start to work on this as you go to sleep that night.

If you are religious, you might pray and see if your Creator wants to add or subtract from your list. For both Dennis and me, having strategic meetings with God allowed for affirmation that the goals were in alignment with the Divine. God is good, and in all faiths, we the faithful want to help make earth better for everyone. Your goals should follow the same premise. The next day, dad would advise everyone to find someone they connect with and trust, such as a long-term friend or family member. This person's job is to be a realistic coach. Between once a week and once a month, you and your trusted realistic coach meet to give updates on your goals. No matter how good you are doing, your realistic coach should spend time with you working on the goals that are not yet accomplished and, if necessary, resetting priorities. Goals will change priority levels periodically, so you need to allow for this.

Key Takeaways

For Chapter 2's journaling and key takeaways, follow the structure learned in Chapter 1. Start with your key takeaways and then ask yourself the following questions to gain more clarity:

1. Did you agree with the Dennisism?

2. Do you have a big audacious goal? If so, write it down now.

3. Do you set your goals to be completed daily, weekly, monthly, or someday?

4. Who will you share your goals with? Who will hold you accountable?

5. How do or will you celebrate your accomplishments, and who will they be celebrated with?

1.

2.

3.

4.

5.

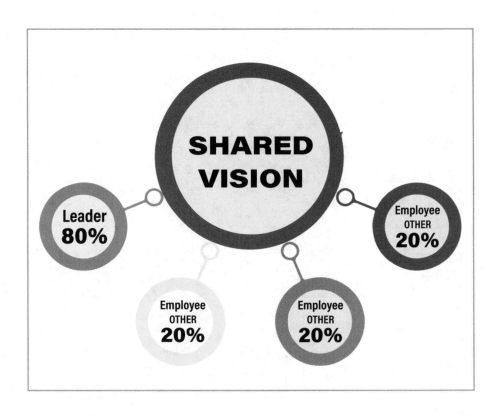

Chapter 3

You Got To Have Shared Vision

"Few, if any, forces in human affairs are as powerful as shared vision."
—*Peter Senge*

The Dennisism: You Got to Have Shared Vision.

Origins: This statement was originated by Peter Senge. In 1990, he created the concept of shared vision and taught students and executives how to use it to reach new heights and accomplish goals effectively and ahead of schedule. My dad first used this Dennisism in 2010.

Son's Interpretation: Many of us understand the business concept of shared vision. This is the idea of getting everyone to buy into a single vision of what you are going to accomplish together with equality. This was not Dennis Murphy's shared vision. Dad believed people had to share the company's or the owner's vision.

We will go into greater detail about what he meant later. I remember the head football coach Bill Parcells once being quoted saying, "If you're going to make me cook dinner, at least let me buy the groceries." This was closer to dad's belief. Dad believed as the owner and leader of the company, he had to create a vision and he had to explain that vision and sell that vision to his employees so clearly they too would see and share that same vision. There was only room for one leader and one vision. At the dealerships dad owned and operated, he was that man. When I became CEO, dad, our advisors, and I agreed on the one vision before we ever spoke it publicly into existence. We still practice this process.

How often in business are the companies and teams with five or more employees or players that all have different answers to the same questions. If you ask what your company stands for, or who do you serve or what is the team's or company's mission statement, everyone gives you a different answer. Sad, right? Dad would use this as proof of why only 10% of companies actually had effective leaders. My interpretation of dad's concept of shared vision is you must share your vision with the team you lead, but it must be 80% yours and 20% theirs. The kitchen has room for only one cook, and that cook gets to buy groceries and create the vision.

2019 training session in Augusta, Georgia.

Dad in Action: This reflection of dad in action takes place in 2010. At 25 years old, I had just become the general manager of Toyota of Winter Haven. This was new. I believe I was the youngest active general manager in the United States, and it was hard. Being a general sales manager came so easy to me; if I controlled the customer and the process, I could complete my goal of selling a car. As general manager, though things were different, I had to train and manage the managers.

At first, I tried to use the concept of shared vision that was taught to me at Florida Atlantic University's College of Business. This collegiate approach failed miserably in automotive retail and was an epic fail for me personally. After trying this approach for 90 days, I turned 26. Dad took me to dinner, and at my birthday dinner, my dad asked me how it was going in front of everyone there. I said, "Not well," and then thought to myself, "Thanks, Jameson, nothing like a cup of courage to speak the truth." Dad replied, "You got this! You just need to have shared vision between you and your managers."

He then let me go on a 20-minute rant about all the things I was trying to do to get shared vision. I would give everyone an equal voice in meetings; we would go around the room; I would ask a question and everyone would answer it. I gave him a few more examples, and then the unthinkable happened. My dad started laughing at me and said as simply and kindly as he possibly could, "Most of your college professors are a waste of time to listen to, remember those who can't do, teach." Then he followed up with a serious look and said, "I recommend you have them share your vision! Share your vision now with them, and then replace those who do not share your vision with some people who do." Great advice, but this was easier said than done. What I soon learned, and what Dennis taught me, is once somebody does not share your vision, it is almost impossible to get them to change their mind and start sharing your vision. I gained shared vision by firing all of my managers and starting over with ones who on day one received a vision meeting from me. Here they heard from me-to-them directly what my vision was.

I then asked them to make a commitment to share our vision. Getting a commitment is key! Once this has occurred, then we can start to build a team. Dad would say having shared vision among your management or leadership team is paramount to your success. You cannot build a team, just like you cannot build a house, without a foundation. Dad believed your managers and leaders sharing your vision gives you the strongest foundation possible and the highest probability of success. How can you improve your ability to get others to share your vision? If you are a leader, you must have followers — and followers need a reason to follow.

Part of the management team: Mike Rodríguez, Imran Qureshi, Mike Murphy, Fahad Qureshi, and Waris Dugan.

Key Takeaways

Remember it is okay to disagree with any Dennisism, but if so, journal down why you disagree with it. This will become helpful as you create your custom continuing education plan (CEP). For Chapter 3's journaling, and key takeaways, ask yourself the following questions to gain more clarity:

1. Did you agree with the Dennisism?

2. Who has authored your vision for your life? If it is you, is it in writing?

3. Who needs to share your vision with you?

4. How will you communicate the vision with the ones who are important to you?

5. Who will proofread your drafts?

6. When will you schedule a meeting with yourself to update your vision?

1. _____
   _____
   _____
   _____
   _____

2. _____
   _____
   _____
   _____
   _____

3. _____
   _____
   _____
   _____
   _____

4. _____
   _____
   _____
   _____
   _____

5. _____
   _____
   _____
   _____
   _____

6. _____
   _____
   _____
   _____
   _____

Chapter 4

Remember The Mooch Factor

"Most employees only care about what is in it for them."
—*Chris Ruisi*

The Dennisism: Remember the Mooch Factor.

Origins: This statement's origin is unknown but the definition of a mooch by Google is the following: "To ask or obtain something without paying for it. Or to be a beggar or scrounger." My dad coined the saying Mooch Factor in the early 1980s as a way to explain what is in it for the employee or player. I believed he learned the saying from a baseball coach, but I have not confirmed this belief yet. I will follow up with more in the sequel.

Mike, Rodney Carter, and Dennis before a training session in Augusta, Georgia.

Son's Interpretation: In the previous chapter we talked about the importance of shared vision and having others share your vision. The best way to get buy-in from others, regardless if they are your employees or players, is to explain what is in it for them. This concept of explaining "what is in it for them" to others is what Dennis called the Mooch Factor. For example, the company decided to pay sales associates on the 15th and 30th of each month instead of weekly. If we had not explained the Mooch Factor, that the checks would be bigger and that saving money and calculating bonuses would be easier, then we would have had a riot on our hands. By clearly defining the Mooch Factor, we had no hiccups at all. This makes perfect sense; most employees are in it for the money, right? Well, correct, but studies show compensation is not the most important category to the majority of people. Money is actually less important to the millennial workforce. If you are a coach, your players are millennials. If you are a sales manager, then the majority of your subordinates are millennials, too.

Employees of the Month.
They have a clear understanding of the Mooch Factor.

So, when asking for shared vision, you must explain the Mooch Factor to every person from whom you are asking for a personal commitment. Go into detail when explaining the Mooch Factor. And with millennials, explain the benefits to society and earth for increased buy-in.

Here are some questions you need answered:

1. How will shared vision improve your compensation?
2. How will you feel as a person when you share this vision?
3. Who will benefit from sharing the leader's vision?
4. What is in it for the one making the commitment?
5. How does the customer or team benefit?
6. How does earth benefit from the vision being shared?

Mike and Dennis working on employee bonuses at the Atlanta airport on their way to Augusta, Georgia.

Remember, income/compensation is only one of the top five or six motivators based on what survey you read. The Mooch Factor is not a bad thing at all. I think we should look at it as the most important question we need to answer to acquire shared vision. When we acquire shared vision, we will achieve our goals quicker.

Dad in Action: For this reflection I go back in time to early 2009 when I was fresh out of college. I was trying to convince my dad dealerships needed to have a separate internet department to handle online customers. For many weeks and even a few months, I did a poor job explaining why we needed to have a specialized group of people whose only job was answering internet leads as they came into the dealership's inbox in real time. Back then, managers printed out the leads and said, "Hey, you call this person." I remember my dad saying, "Customers buy cars from the dealership they are closest to. We will not sell any more cars, and if we do, it will not offset the cost of the specialized department." It was clear to me I did not do a good enough job explaining the Mooch Factor to my dad. I did not answer Dennis' question of what was in it for him. Looking back, it makes sense.

The team working on leads and internet inquiries.

Before I arrived, the sales departments did an extremely poor job answering internet leads via email. Knowing I was the future of the company, I knew what the Mooch Factor was for me. I had to prove, to myself first, that a one-person internet department (me) would benefit the dealerships. The second month I was answering all the internet leads myself for three dealerships. Not a huge brag, it was maybe only 150 leads a month combined. But I sold 42 cars. If you remember 2009, the country was in the middle of the Great Recession and these additional car deals, even a small marginal increase of 30 cars, were able to increase the dealerships' sales gross profit by almost 50%.

The next conversation with Dennis went better than the first, obviously. I had shown my worth and the results were the Mooch Factor Dennis wanted all along. My dad went from "This idea will never work" to "What happens if I give you a few more people? How many more sales can you make?" The lesson I learned here was if I had to explain my dad's Mooch Factor communication style, it was that actions speak louder than words. I did not need to tell my dad what I was going to do; I had to show him what I had done. My father was always a progressive entrepreneur, and he would have come to the right decision of creating an internet department in his own time. It is important to understand I shared his vision of increased profitability for the dealerships while increasing customer satisfaction. I just had a slightly different way of doing it. What I hope this lesson teaches you is once you ask for shared vision and you get a commitment from others to share your vision, you must listen to the input of others.

In this situation my input to the dealership helped dad not only survive the Great Recession, but also grow Murphy Auto Group during that tough time in American history. Dennis believed wise men seek counsel, but must own the decisions they make. We cannot blame others as we learned in Chapter 1. I believe the group who is sharing the vision makes up 49% of the vote and the leader has 51%, so did Dennis.

Key Takeaways

Hopefully by now you see the value in journaling down your key takeaways and answering the questions we ask at the end of every chapter. The questions, when answered, will help you gain clarity about what the Dennisism means to you. Remember that "beauty (knowledge) is in the eye of the beholder." Now please begin journaling with your key takeaways and then answer the following questions:

1. Did you agree with the Dennisism?

2. Do you have a Mooch Factor? If so, is it solely based on money?

3. Do you explain what is in it for them to others when you need something?

4. Do you own the decisions you make when they go wrong?

5. Do you accept input with a servant-like spirit?

1.

2.

3.

4.

5.

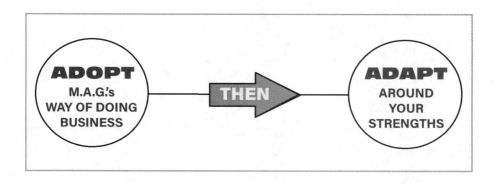

Chapter 5

Adopt It, Then Adapt It

"Seek first to understand, then be understood."
—Stephen Covey

The Dennisism: Adopt It, Then Adapt It.

Origins: The origins of this Dennisism started with a Stephen Covey quote: "Seek first to understand, then be understood." In Utah in 1992, Dennis attended a Covey Leadership Seminar and heard the quote. He would repeat it this way at first, "Seek first to understand and adopt our operating philosophy (policies, processes and procedures), before you expect to be understood. Once this has occurred and adopted 100%, then and only then can you adapt our operating philosophy around your leadership style."

Son's Interpretation: In Chapter 3, we covered shared vision and in Chapter 4, we covered how to explain the Mooch Factor to your employees or players, and the benefits shared vision has. When asking for shared vision, most of the time you are getting individuals to commit to following the team's or company's policies, processes, and procedures. This is where "Adopt It, Then Adapt It" comes in.

This Dennisism translates into "adopt the team's or company's philosophy with 100% of your abilities. Once you have done this, then you are able to adapt the policies, processes, and procedures around the uniqueness of your talents and skill set."

The example I like to use is playing quarterback in college. When you first become the starter, you have to do everything 100% like your coaches tell you. Once you have experience and success doing it their way, you are allowed to call audibles and adapt the play calling around what you are experiencing on the field. This was how my dad raised me to become a leader. Do everything you are told with excellence and then when you get an opportunity, call an audible. When you do, you better be correct. After all, Murphy Auto Group embraces the NASA slogan "failure is not an option." My dad would tell me and other executives "there is never a right time to make a mistake, mistakes are never acceptable."

It is my belief mistakes are defined as mental errors, like dropping a ball or a lapse in an employee's moral and ethical compass. A mistake is not trying something new and getting negative results; that is called learning. If you do not make changes and get negative results a second time, then that is a mistake.

Miracle Toyota team in Haines City, Florida.

- Are you learning or making mistakes?

- Do you see a difference now?

- Do you write down your mistakes in a journal so you can learn from them? If not, you will make the same mistakes again.

Dad in Action: This example of dad in action comes when we parted ways with the second chief operating officer. "You are currently too close to the trees to see the forest," said Dennis. I had no idea what he meant, so when I asked a follow up question, dad clarified. "Because this individual was getting you the results you wanted, you were ignoring how he was achieving them. Mike, you cannot have sustainable growth and sustained success for a long period of time if you are not supporting the company's mission statement."

What dad was saying is this individual was destroying our reputation with customers and employees because he did not adopt Murphy Auto Group's policies, processes, and procedures. If you think about it, Dennis was 100% correct. How can someone adapt our ways to their own skills and personality if they first do not adopt 100% of the company's or team's policies, processes, and procedures?

I asked him, "Dad, where did you learn this concept?" He replied, "At one of the leadership seminars I attended. I think it was a '7 Habits of Highly Effective People' seminar by Stephen Covey." As I was doing my research for this book, I learned more about Mr. Covey. First, he and I were in the same fraternity. Second, he was a big believer in simple leadership quotes like the following:

- "Start with the end in mind."
- "The way we see the problem is the problem."
- "Be a light, not a judge. Be a model, not a critic."
- "There are three constants in life: Change, Choice, and Principles."
- "We are not human beings on a spiritual journey. We are spiritual beings on a human journey."

If you are in a leadership position, are you like dad? Do you demand your players or employees are executing your company's or team's policies, processes, and procedures your way with excellence? Or are you the type of leader who only makes recommendations that carry no consequences if others do not follow or execute to your standards?

You are probably asking yourself the same question as many of my general managers have asked. When others asked dad, "How do you get people to do what you say?" His answer was simple, yet powerful: "The difference between an order and a recommendation is the repercussions for inaction or insubordination." Are you afraid of writing up employees or making players run laps? What are you afraid of? Let me guess: the fear that if you are hard on them, they will leave you, right? Well, what if you are easy on them and they stay? Will you ever reach your potential?

Will you ever reach your potential?

What do people like Vince Lombardi, Don Shula, Bill Belichick, and Nick Saban have in common? They demanded, and I mean demanded, that everyone adopted the culture (policies), playbook (processes), and formations (procedures), or players would be cut. This chapter needs to leave you excited about drawing a line in the sand of life, both personally and professionally, and then holding everyone and everything brutally accountable to the line.

Key Takeaways

Chapter 5 means we are halfway through our 10 Dennisisms. Our fifth Dennisism is "Adopt It, Then Adapt It," and when it comes to your journaling, you have adopted our way, so now feel free to add your own questions, too. Remember to start with your key takeaways and then answer the following questions so you gain even more clarity:

1. Did you agree with the Dennisism?

2. Do you seek first to understand 100% of someone's message before thinking about your reply?

3. How can you become more open-minded to employees and players adapting your policies, processes, and procedures?

4. Do you clearly communicate what you want your employees/players to adopt?

5. Who will you share this concept with next?

6. What are you going to do to change with your employees and players?

1.

2.

3.

4.

5.

6.

Chapter 6

Focus On Sustainable Growth

*"The greatest thing in this world is not so much where you stand
as in what direction we are moving in."*
—*Johannes Wolfgang Von Goethe*

The Dennisism: Focus on Sustainable Growth.

Origins: The typical business definition of sustainable growth is
the maximum rate of growth a company can achieve without financing
additional equity or debt. Dennis liked the maximum rate of growth
part of that definition, but felt it was more important to see sustained
growth over a sustained period of time. Dad popularized this Dennisism
in 2019 as Murphy Auto Group created a Sustainable Growth Reporting
process. This process was created based off the Dennisism, and dad
himself led the project to create the process. It would be the last major
accomplishment of his professional career. Our sustainable growth
reports have become the key cornerstone of our executive management
style.

Son's Interpretation: In Chapter 2, we introduced goal setting
to you, and in Chapter 3, we reviewed the importance of shared vision,
Chapter 4 was the importance of explaining the Mooch Factor (what
is in it for your employee or player), and then in the last chapter we
talk about the importance of adopting a team's or company's policies,
processes and procedures and when to adapt them around your talent.
This chapter is about what to do after you have had an ample amount of
time and results. As dad would say, "Focus on Sustainable Growth!"

What is Sustainable Growth? It is the result of an action or
transaction, and then using Key Performance Indicators (KPIs) to see
if a company or team, department or division, or individual's talent
is getting better or worse. Dad always believed no one month created

a trend. Murphy Auto Group looks at all performance KPIs monthly. Trends are evaluated for a minimum of 90 to 120 days before making big decisions.

Drone footage of the Toyota dealership in Florida.

Murphy Auto Group uses a proprietary system called "Quartiling" to assist in the process of identifying the people and departments that are achieving results at or above our minimum expectations for employment. It identifies who is getting better, who is getting worse, and who is staying the same.

Sustainable growth is achievable by using Quartiling to remove people who are not getting better and remain below minimum expectations for employment. Next, you must hire the right people who can meet and exceed your expectations of employment. Some companies and teams struggle to continue to have sustainable growth after they fire the obvious bad actors because they replace them with other poor performers. We use Quartiling to always improve into perpetuity. We identify the bottom 25% of anything and anyone we can rank. Then we replace the bottom 10% of personnel with a healthy sense of urgency every single month. We continuously hire and grow, not just the number, but the quality of our teams' employees, and dealerships.

Remember that sustainable growth needs to occur for a sustainable period of time; therefore, I would call that sustainable growth squared, but this is not a book of Mikeisms, is it?

Dad in Action: It was 2011 and dad went through a bone marrow transplant at Moffitt General Hospital in Tampa, Florida. It took months, but to me it felt like years. I was the young general manager of Toyota of Winter Haven, twenty-six years old, inexperienced and I was very confused about what to do with some recent hires. Some were managers, and they were not working out. I asked my dad a question "When do you give up on someone you hired?" And of course in Dennis Murphy fashion, his answer was incredible and simple. "Are they currently doing a good job?" When I said no, the next question was "Do they have the potential to do a good job and are their KPIs getting better?" As we continued to talk, if I answered yes, the person had potential and yes, the person was getting better, then we would end up giving the individual more time to improve. If the person was not improving and not getting the job done, I was told to fire them and to immediately start looking for their replacement. Decisions do not need to be unnecessarily complicated!

Another great story about sustainable growth is how dad and Mat Forenza, our chief operations officer, came up with the "Sustainable Growth Reporting process." Mat Forenza said SGRs were created to easily identify who needs to be trained, what they need to be trained on, and who should have their employment contract terminated. Dennis would tell me, "You build companies by developing one manager and one process at a time." We still use the Sustainable Growth Reporting process today. Every company and team needs to have an objective method to measure everyone's performance. If you do not, how will you know who should be promoted? If you do not, how will you know who should be a starter?

Unfortunately dad and I believed, and I still believe, most companies and most teams use subjective information to measure players and employees. Do I like this person? Do they try too hard? These are important questions, but they should not carry the majority weight of important decisions. A commonality in under performing companies are managers who all act alike and they even look alike. A lack of diversity in all classes like race, age, gender, sexual orientation, etc., leaves a company with limited perception of reality. It also creates an inability to relate to customers and others, and even causes a lack of innovation.

I also see people getting promoted who have no business being promoted because of crazy self-rationalization and ridiculous statements to me like the following:

- They would leave, if we do not promote them
- They have been here a long time
- They are my wife's gardener's son
- No one else wanted to do the job, or I could not find anyone else
- They were making too much money

Do not be like these people. Track and measure sustainable growth over a sustainable period of time, and you will shock yourself at how you and your team improve in a relatively short period of time.

Mike conducting a training session in Tucson, Arizona, in 2019.

Key Takeaways

Chapter 6 was about sustainable growth. For me, I struggled to continue to grow professionally and personally without a Continuing Education Plan. You have to create a CEP for yourself. This plan will come from your journal and key takeaways. Please write down your key takeaways and then answer the following questions to gain clarity:

1. Did you agree with the Dennisism?

2. Do you use KPIs to objectively measure your personnel talent?

3. How can you do a better job measuring sustainable growth?

4. Do you promote people for only the right reasons?

5. Are you actively replacing the bottom 10% of personnel with a proper sense of urgency?

6. Do employees or players hang around too long because you like them?

1.

2.

3.

4.

5.

6.

Marginal people know they are marginal and so does everyone else.

Chapter 7

Marginal People Know They Are Marginal

*"Dealing with employee issues can be difficult, but NOT dealing
with them can be far worse."*
—*Paul Foster*

The Dennisism: Marginal people know they are marginal.

Origins: My dad was certain this Dennisism was a quote, but
after searching the internet for hours I cannot find it. The full quote is
"Marginal people know they are marginal and so does everyone else."
Obviously, Dad shortened it, but never lost focus when communicating
the following point: everyone knows who is, and who is not, getting the
job done, everyone. Therefore, your inaction as a leader speaks louder
than your actions. You must replace people who need to be replaced.

Son's Interpretation: Everyone is always watching the decisions
made or not made by leadership. This Dennisism builds on the last
chapter and sustainable growth. What do we do with people who are
not getting better, and perform below our minimum qualifications of
employment? Cancel their employment contracts, right? This Dennisism
should give you peace that terminating a below average employee or
player should be easier to deal with than you fear, because they see it
coming and so does everyone else. You need to make sure you have
clearly communicated the following things before firing an employee.
At Murphy Auto Group we call it the "Three strikes to releasing an
employee":

1. Did we clearly communicate in writing the minimum expectations
   of employment?

2. Did we clearly communicate in writing their short-comings?

3. Did we give them time to improve on their shortcomings?

If you answered yes, yes, and yes, you are not firing anyone; they have disqualified themselves from employment.

Dennis recording a training video for the 2018 annual retreat.

This is an important fact, let me make myself clear, firing people is never easy, nor should it ever become easy. But when someone disqualifies themselves from employment due to performance, the hard thing to do (fire them) is the right thing to do for both parties. Dennis and I believed everyone can be successful, all they need to do is to find their specialty. If the employee or player is not performing and not getting any better, they need a career adjustment into something that they can be successful at. Think about it, no one should live a life of consistent failure and disappointment!

Dad in Action: "Dad! Dad!" I screamed across the kitchen. I knew his hearing aids were dialed in because he replied with, "Why are you yelling?" I laughed and said, "I need to talk. I never fired a general manager before and I am scared that this will not go well." This was the first time I heard my dad say Chapter 7's Dennisism: "Mike, marginal people know they are marginal and so does everyone else." I agreed. He then asked, "Do you understand the entire thing?" I replied, "Yes, absolutely." I was lying, and he could tell. He repeated the Dennisism and then politely emphasized "That everyone else does too, Mike." Then he went on to elaborate by saying "If you do not fire him, or anyone else that you should fire, everyone will see that there is weakness in you and you will lose credibility. If you lose enough credibility then you lose control of your company. You cannot allow that to happen; not for you, and not for this family, do you understand me?" I said "Yea, yea I know," but I did not.

Man, I really needed that, I thought to myself. But I was not going to lose credibility with my dad, so I said, "My big concern is what if this general manager does see it coming and he does not believe me and gets mad or violent?" Dad laughed and said, "Have you done all the one-on-one coaching sessions we prepared for and talked about?" I replied, "Yes, 100%," and I actually had! He replied, "So if he doesn't see it coming, he is blind; therefore, you have nothing to worry about!"

Mike has a one-on-one meeting with team members.

A huge key in this lesson is the importance of one-on-one meetings. Murphy Auto Group executes one-on-one meetings with all managers monthly and all other employees at a minimum quarterly. Without these meetings employees could be blindsided by a termination, and in those situations nobody wins unless you are an employment lawyer. One-on-one meetings will hammer home to whoever needs to hear it, that they are a marginally performing individual, and that their performance is marginal.

A good friend of mine, Bob Richards, reminded me one day that dad told him a few times "90% of the things you worry about never come true." With one-on-one meetings, the 90% of worrying goes away.

The manager or coach, after complimenting the employee or player on what they do well, clearly defines the 10% of things the employee should worry about, because they are doing it wrong. Clarity is key in everything we do; our employees need to know what to worry about or they will worry about the wrong things.

Annual retreat 2020 corporate team individual presentation.

How many times in your career have you fired an employee or released a player? Have they ever not seen it coming? If you are like dad and me, although we have had to part ways with a lot of employees, no one has ever been surprised. A few would even say they saw this coming, but thought they had more time. Rest easy knowing marginal people know they are marginal, but keep in mind so does everyone else. My CEO coach Chris Ruisi would say, "Hire slow, but fire fast."

Dennis Murphy in his formative years.

Key Takeaways

For Chapter 7's Dennisism, marginal people know they are, many readers find this Dennisism the most controversial. After you write down your key takeaways from the chapter answer the following questions:

1. Did you agree with the Dennisism?

2. Have you ever fired someone who did not see it coming?

3. Do you execute one-on-one meetings with your subordinates?

4. Do you hold one-on-ones with people for only the right reasons?

5. Are you afraid of firing people? If so, why? Is it because you reacted personally bad to a firing?

6. Why do some readers find this Dennisism so controversial?

1.

2.

3.

4.

5.

6.

The Closed Loop Process in 6 Steps:

1. Look at effort and results
2. Measure the effort and results against your industry standards
3. Identify what you want to change
4. Communicate the change to the necessary person or people
5. Get a commitment from your player or employee
6. Remeasure new results to benchmark and repeat a loop on the same topic if necessary, or move onto a different topic or area for improvement

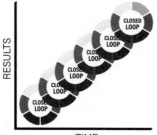

RESULTS

TIME

Chapter 8

The Closed Loop Concept

"Continued improvement is better than delayed perfection."
—Mark Twain

The Dennisism: "You need to always remember the Closed Loop Concept."

Origins: My dad attended so many leadership conferences and self-improvement classes that after doing my research for the book, this concept was the merging of a few different lessons combined to create a single Dennisism. The Closed Loop Concept starts with the method used by scientists. Basically, dad adopted the idea that to get different results we must do something different. Next he sprinkled in all the training he received at the Covey Leadership Institutes, where dad learned the power of one-on-one performance reviews. Resulting in his own Concept, The Closed Loop Concept.

Mike conducting monthly review with members of the corporate team.

Son's Interpretation: The Closed Loop Concept means to me that we as leaders of our teams and companies must also look at ourselves as scientists. The Closed Loop Concept starts with a base line of effort, results, and time. Think of it this way, you measure the effort and results of your teams, departments, and companies for a period of time. This is step one of the Closed Loop Concept: identify the effort and results of your talent (employees or players).

Step two is to measure your effort and results against industry standards and/or benchmarks. In automotive retail, we have benchmarks for effort and results. An example of each would be: number of outbound phone calls completed is an effort benchmark, because you can always increase effort by calling more people, and number of vehicles sold is a results-based benchmark, because your effort can only lead to one of two results — a sale or a no sale. If step one is identifying your team's effort and results; step two is about identifying what you want to measure against the data gathered in step one.

Mike introducing the Closed Loop Concept to the team in Augusta, Georgia.

Now that you have identified your team's effort and results, and the benchmarks or Key Performance Indicators (KPIs), you move to putting your scientist's lab coat on and identify what you want to change on your team. Step three: you also want to hypothesize what type of results should occur based on the change you have identified. To summarize, step three is identifying what you want to change and what you think the new results are going to be if the change is successful.

Step four is to communicate the change to the person or people. Dad preferred to coach a person in a one-on-one setting. Murphy Auto

Group has two types of meetings: general training meetings in group settings with positive reinforcement and private meetings that are more direct with coaching and reprimanding. Dad believed you should never ridicule or overly criticize players or employees in public. This is harder said than done, but trust me if I can do it, you can do it. I can hear dad now saying, "No one will change if you don't tell them to, and when you do tell them, do not forget to explain the Mooch Factor." Lastly, when executing step four, please make sure to give your player or employee the following minimum pieces of information:

- Tell them what you want to change and/or have them do differently
- Tell them what is in it for them (Mooch Factor)
- Tell them what you want to change and or have them do differently, again
- Tell them when they need to have it done
- Tell them what the predicted results will be if they change or do something differently
- Tell them in a summary everything you just told them again (summary statement)

Upon completion of step four we move on to step five – getting a commitment from the player or employee. When asking for a commitment you need to do it right after your summary statement for step four. When getting a commitment, you need the following:

- You need the player or employee to agree they can do it (physically have the ability and/or intellectually)
- You need the player or employee to agree they want to do it (mentally have the desire)
- Then the player or employee commits to do what you want, how you want it, and when you want it
- You need to thank them and make a commitment back to them to be there if they need you

The last step is to measure your new results against the predictable results you hypothesized in a previous step. At this point do not get discouraged because no one gets it 100% right. An "A" effort in school in the USA is only 90%. If you have made enough progress on the change and results from this "loop," then repeat the loop with a different result targeted. If the results were not within 80% of what you wanted, then you repeat the loop with the same result targeted. The Closed Loop Process can be summarized with the following six steps:

1. Look at the effort and results.
2. Measure the effort and results against your industry standards.
3. Identify what you want to change.
4. Communicate the change to the person or people.
5. Get a commitment from your player or employee.
6. Re-measure new results to benchmark and repeat a loop on the same topic if necessary or move on to a different topic or area for improvement.

Dad in Action: As you can imagine, the originator of the Closed Loop Concept quoted and explained it frequently. The example I want to use for this chapter took place in late 2013. We had hired an arrogant know-it-all general manager who was falling short of our minimum expectations of employment. His general sales manager was intelligent with a ton of talent and is still doing well in automotive retail. We had this meeting with the purpose of teaching the two of them how to develop talent, including sales associates, all the way up to department heads. Dad started out the meeting by stating, "Guys thanks for joining us today. The purpose of our meeting is because I want to share with you a concept that has helped me develop my leadership, management and employee development skills." The general manager leaned back in his chair and became disengaged, doing the minimum amount of interaction to keep his job. The general sales manager became super-engaged and was sitting on the edge of his chair asking important questions.

I find this interesting that the general sales manager who loved to learn, was excited about learning what made a guy like Dennis successful. The general sales manager asked "Dennis, is this how you built such a strong team in the past?" Before dad could reply, the difficult general manager said "I know how to do all this stuff. Tell me how much money you want to make and I'll make it for you. Think of me like an investment." This went over as well as a snowball in hell. Dad became very direct in his communication and said to the man: "General manager, you need to understand one thing, Murphy Auto Group is not about how much money we can make. It is about how strong of a team can we build and how well we can execute our strategy."

The general sales manager who was eager to learn chimed in with a "Yes! Just like Lexus, we are 'in pursuit of perfection'." Do you find it interesting that the general sales manager who was excited about learning has now become a successful individual in automotive retail because he had the spirit of a student and a desire to learn? The general manager, who was a know-it-all and thought he knew it all, is no longer employed by Murphy Auto Group and is not currently a general manager anywhere. What does this lesson teach us? I believe the first lesson is, if the owner of the company is talking to you, be engaged and pay attention. Secondly, the most important thing to take away is no matter where you are in life, you have reached your pinnacle once you think you know it all and stop learning and growing. My dad used to love to say to me, "If you are green you are growing, if you are ripe, then you are rotting." I believe he was comparing employees to tomatoes. The original quote came from Ray Kroc.

"Are you Green or are you Rotting?"

Never Stop Learning!

Key Takeaways

Chapter 8's section about the closed loop concept is a personal favorite for me. Enjoy journaling down your key takeaways and then answer the following questions:

1. Did you agree with the Dennisism?

2. Do you consider yourself a student of your profession?

3. Do you want different results in life? Are you doing anything different to accomplish them?

4. How do you clearly communicate the changes you want to see professionally and personally?

5. Do you give people deadlines to improve their performance or do you give them open ended deadlines?

6. How will you use the Closed Loop Concept to improve yourself and others?

1.

2.

3.

4.

5.

6.

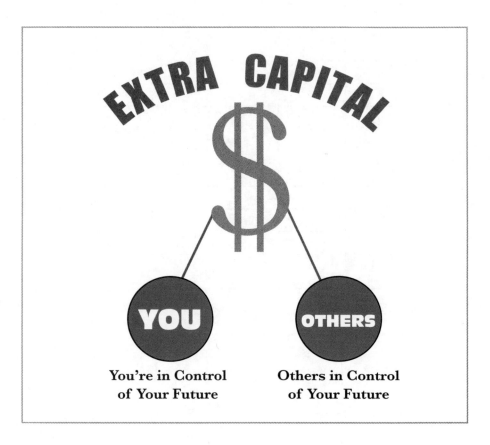

Chapter 9

Invest In Yourself And Don't Bet On Others

"I don't like to gamble, but if there is one thing I am willing to bet on, it is myself."
—*Beyonce*

The Dennisism: Invest in Yourself and Don't Bet on Others.

Origins: My dad always reminded me every time I had an investment opportunity that seemed too good to be true of this Dennisism. Although I cannot confirm this theory, I believe he created this Dennisism from experience. Dad always told me the best odds of winning a bet was to bet on yourself. People will consistently let you down or oversell themselves; therefore, save money and invest in yourself.

Son's Interpretation: This Dennisism is about staying focused on what you are good at, especially when you are achieving some success in that field already. There are always people selling you on the next best and greatest start up, investment, get rich quick scheme, and real estate play. Successful people can get distracted by investing in things they are not experts in and some even lose everything. Far more people lose money on start-ups than make money on them. That is why when people are successful it seems like they earn their unfair share on profits. Start-ups are like the lottery with slightly better odds.

Let us dissect this Dennisism into two halves. The first half is, "Invest in yourself." What dad is saying here is you need to invest in what you know and in what you are already successful doing. For me, I would rather invest in myself, because I know I have been successful, and I will be successful in the future. I sell cars and if I want to make more money then I need to sell more at my current stores or add stores. I also know I have the most control over my actions directly affecting my investment, and when I invest in others, I am giving up that control.

Now the second half of this Dennisism is, "Don't bet on others." Dad is saying there really is no investing in others because you lack the necessary control needed for the use of your funds to qualify as an investment, at best it is considered a bet. Dad grew up near a dog track where his older brother Larry sold newspapers, and dad would compare betting on start-ups and other get rich quick schemes, to betting on horses or dogs. Think about this for a second, if an investment is placing money and funds into something you can control, then a bet is placing money and funds into something that you have NO control of. Therefore, betting on a start-up, get rich quick scheme or a horse or a dog running on a track all have about the same single digit odds of winning.

This Dennisism does not mean do not invest your surplus cash and assets into the stock market or work with a money manager. You just need to maintain control. If you choose to do these types of investments, ensure you are doing or have done the following things:

- You have selected the type of investment strategy with which you are most comfortable. Remember you take on more risk of loss as you chase more chance of gain.

- You check the math the money manager is telling you he is making you. Have you really made 10% if you started with a million and you now have one million eighty thousand in your account now?

- You remember you can fire people and/or sell stocks and bonds as you see fit. Trust the experts, but if you lose trust, fire them fast.

Dennis saved his money his entire life, and every time he had a little extra money saved, he would try and buy another dealership or the land on which his dealerships were located. I can remember him telling me, "Why pay rent when you can own?" Like all the other Dennisisms, dad did not just make up clever quotes, he chose to live by them. Without his focus and belief in investing in himself, I would never have been able to accomplish half of what I have accomplished today.

Dad in Action: There were many times I would come to dad with a new start-up idea and every time he would say "Invest in yourself and don't bet on others. Are you going to run this company?" The first half a dozen times I answered no, he would wish me luck, I would bet,

Working on the business with the Georgia management team.

he would not, and most of the time I would lose everything. Once he did invest with me in a start-up that managed celebrities' social media accounts and monetized them. It was a great idea and had some great employees and accounts, but due to ineffective leadership Dennis and I LOST six figures each.

This was an expensive lesson to learn, but it did change my entrepreneurial spirit. I now would invest in only what I could control and the conversations with dad improved and evolved. Now I would bring him ideas and then he would ask a famous Dennis question, "Are you going to be controlling this company or 'investing'?" I started answering, "Yes I will be controlling it," and meant it.

"Dad, I want to start a management company that will serve as a family office too," I said.

"Are you going to be controlling this company," dad would ask.

"Yes, I will," I would answer, and this company has done great. This situation would repeat itself as Dennis and I would start a half dozen ancillary companies I would directly manage. Our ancillary performance averages 33% of our overall profitability now and the family has reaped the benefits of smart investing.

Another example of dad in action was when he had a conversation with his stepdaughter Priscilla's husband, Brad. Dennis and Brad would periodically meet for lunch, so Brad could pick dad's brain on various topics. During one of these meetings, they discussed dad's professional success. His story was one of confidence and success, but always under the light of grounded humility.

Brad said, "The big takeaway from our conversation was to invest in yourself." Dennis never viewed a job as a series of tasks, but rather an opportunity to learn and grow. An example of this, was his first job at a car dealership. Through growth and understanding of the company, he became an invaluable part of the dealership's success. Eventually, he approached the stakeholder, requesting to buy in as a part-owner. The shareholder declined, and Dennis walked away from the job. A few months later, the stakeholder reached out to Dennis, needing his help, allowing Dennis to buy in and gain his first piece of ownership in the automobile industry. As we know, Dennis leveraged this into what would eventually become Murphy Auto Group.

Groundbreaking for the Florida market.

Dennis' ability to invest in himself allowed him to walk away from a successful job, when most would have stayed. He knew he could do better. However, it wasn't a gamble, but an investment in himself over the years that enabled him to strive for more. He didn't walk away in haste. During his time there, he built a knowledge base which not only made him integral to the business model, but which would allow him to thrive in another position had he not received the offer to buy in as part owner.

Brad is right, investing in yourself is not limited to self-help books and seminars. This Dennisism should influence almost every large decision you make in your professional and personal worlds.

Dennis invested in himself and was able not only to grow into a successful dealer but also teach and leave a legacy behind.

Key Takeaways

Remember it is okay to disagree with any Dennisism and the ninth Dennisism is again controversial. If you do disagree, journal down why you disagree with the Dennisism, this will become helpful as create your custom Continuing Education Plan (CEP). For Chapter 9's journaling and key takeaways, ask yourself the following questions to gain more clarity:

1. Did you agree with the Dennisism?

2. Are you a bettor or an investor?

3. Are you the type to invest in yourself?

4. Why not you? So many people think they do not deserve it, but you do!

5. How many times have others let you down or disappointed you?

6. How many times have you let yourself down?

1.

2.

3.

4.

5.

6.

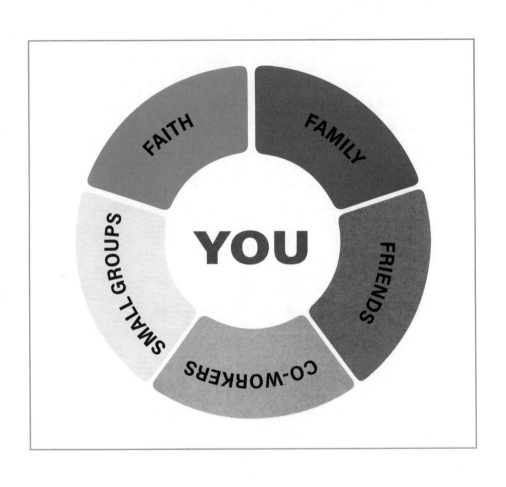

Chapter 10

Remember The Six Circles Of Influence

"There is no such thing as a work-life balance,
but if you love what you do, you can have a work-life integration."
—Chris Ruisi

The Dennisism: Remember your circles of influence.

Origins: When my dad was in his thirties and forties, he spent an extreme amount of time working on his business. Obviously that investment in himself paid off, but in his 50s, Dennis started talking about all of the groups of people who influenced his actions. As he aged, he started to spend time with all of these groups of people.

Son's Interpretation: As dad taught this Dennisism to Murphy Auto Group's general managers and executives, he said there were six areas where we need to ensure we spend time. The following are the six circles of influence:

1. Your Family — You need to make sure you spend enough time with your family. People on their death beds do not want more quality time, they want more quantity of time. "People have it backwards, they think of quality time at work and quantity time at home," said the late Chris Ruisi. My dad completely agreed, so much so, I think we must have played almost one thousand rounds of golf together. We were both busy, but we would both drop everything to play golf together.

Dennis with his closest family: brother Alan Murphy and wife Patti, daughter Jennifer, and son Mike

2. Your Friends — You need to make sure if you want to have good friends and good relationships,you must be a good friend. Make time for your friends. Remember you do not select your family, you are born into that. You do get to pick out your friends, no one does that for you, but you must be a good friend.

3. Your Co-Workers — This circle is unique. We spend plenty of time with our coworkers, but are we building relationships with them? A large majority of employees know less than 5% of their coworkers full legal names. When we build relationships with the people we are working with, we get more done quickly. Getting more done quickly creates discretionary time for the other five areas.

4. Your Small Groups — Many of us enjoy team activities and sports. This can include religious groups, club sports, golf groups, and other events you do with the same type of individuals. There are a lot of different benefits and opportunities available to improve your skills from team activities including: teamwork, competition, dedication to a team, perseverance, mental toughness, and overcoming objections and resistance. This area is usually the first area that gets robbed of its time as we get out of balance.

5. Your Faith — For every one of us to be truly balanced and live our lives with proper time management, we must set aside some time

to be involved and walk with faith. Regardless of how you pray, where you pray, when you pray, the name you use for God, or the position you are in while praying. Praying is good for you and your spirit. To be consistently improving your life you need to answer for yourself philosophical questions like: Why we are here and who am I? Socrates said, "The unexamined life is not worth living."

Dennis maintaining his circle in balance by doing what he loved most, playing golf with his son. (Harry Carter on the far left)

6. You — This circle needs to stay in balance too. Many people do not make time for themselves. Coach Chris Ruisi would say to me all the time, "Mike, the most important meeting you can have is the one you have with yourself." It is completely acceptable to place a meeting with yourself on your daily schedule. Most individuals who burn themselves out have been robbing themselves of their personal time for an exceptionally long time. Dad never said that because we have six circles, each circle gets one sixth of our time, just that we need to make time for all six. My dad died way too young and cancer sucks, but with his approach to his circles of influence, it is hard to say he got cheated. This man was able to do so much, including creating all these Dennisisms for our continued education.

Dad in Action: "I am working as hard as I can, I have not taken a day off since you and your son bought this dealership," said a disgruntled general manager. "Well that is a problem, you need to balance out your time," dad said. "We never asked you to work bell to bell six days a week. That was your decision. We never said do not spend time with your family, friends and others, that was also your decision. You really should remember your six circles of influence." The best and longest lasting team leaders have balance in their circles of influence. The message dad was sending is that we, as owners, tell you the results you need to achieve for us to achieve our goals and for you to stay employed. Murphy Auto Group has never mandated leaders spend all their time at work or at practice. Long term players and employees must have balance, or it is not sustainable.

When I got married in 2015, my dad said to me, "Now you are responsible for a lot more than just you and your time. You need to stop working late at night during the week, when you are already working ten-hour days." What is the point of gaining success in business and wealth and not have your health or anyone to share it with? Dad was not telling me to work less, he just wanted me to work smarter. Every father wants their child to learn from their mistakes and this was not any different.

My dad was, by all indicators, a workaholic and he did not want me to make the same mistakes in my life he had made. Even though

Mike, his wife, Sylvana, and daughter, Reagan

I have and still maintain workaholic tendencies, I try hard not to be angry. Losing my dad has been terrible and having it happen while I am so young makes it easy to be angry at God. I am not though, I am still amazed and in love with our Creator. This last Dennisism is the one I struggle with the most and the one I will continue to work on. Do not be like me, find balance now and remember your six circles of influence.

In the first chapter we covered how you are to put together your Continuing Education Plan, let's recap it again now. My dad would always ask me open-ended questions and asked me to journal my answers. The purpose of writing down answers to the questions asked at the end of every chapter in the Key Takeaways section is to use the information to create a personalized continuing education plan (CEP) based on the lessons learned in this book.

The CEP will execute the following process upon the completion of the book:

1. Separate the chapter lessons into two categories:

    A. Lessons the reader agrees with.

    B. Lessons the reader does NOT agree with.

2. Prioritize the lessons you agree with.

3. Implement the most important lesson in your life first.

4. Create a timeline to complete your personal adoption of all the lessons you agree with.

5. Buy the second book and repeat the process!

Key Takeaways

Chapter 10's Dennisism is the last one in this book. Write down your key takeaways and answer the following questions:

1. Did you agree with the Dennisism?

2. Am I giving up my personal time? If so, for what?

3. Which of the six circles do I need to improve on?

4. I spent time with my co-workers, but have I gotten to know them?

5. Would you describe yourself as a workaholic? If so, is that a good thing?

6. Who will you share these Dennisisms with?

1. _____
_____
_____
_____
_____

2. _____
_____
_____
_____
_____

3. _____
_____
_____
_____
_____

4. _____
_____
_____
_____
_____

5. _____
_____
_____
_____
_____

6. _____
_____
_____
_____
_____

CLOSING

How Dennis Teaches Us Today

"It's the one thing you can control. You are responsible for how people remember you — or don't. So, don't take it lightly."
—Kobe Bryant

Although Dennis died on August 28th, 2020, his energy, lessons, teaching, memories, and impact still live on in everyone he loved and the people he called friends and family. The Dennis Murphy & Family Foundation for the research for a cure for Multiple Myeloma, is in the process of being created and will be operational very soon. We are donating 50% of the book's proceeds toward finding a cure for multiple myeloma, which took dad's life. This will go to the Dennis Murphy & Family Foundation.

As his son, I miss him so much, but I find comfort in the fact that when the doctors gave him two or three years to live, God gave him 12, almost 13! Remember, God doesn't make mistakes.

I have all the following items available:

- 20 or more hours of Dennis teaching Murphy Auto Group employees.
- Hundreds of pages of his notes from his home office.
- Many of his favorite books and a list of his favorite books.
- A list of people who influenced his life.
- My personal and professional stories, experiences, and teachings.

Because all this information is available, I am proud to announce this book, *"Dennisisms": Leadership Lessons I Learned From My Father,* is the first book in a series including the following books:

- *Ten More Dennisisms – Lessons I Forgot I Learned From My Dad*
- *A Murphy's American Dream (Dad's biography)*
- *How Murphy Auto Group Thrived through Covid-19*

There is one more way dad is still teaching me now. As a Christian family, we believe his body goes into the ground to be repurposed and his soul is in heaven. I still feel and hear dad teaching me from heaven. I have seen him in dreams, and I can hear his advice on the golf course. I finished this book within the first month of his passing. I did my research and watched a lot of videos, but so much of this book was written by him through me. This experience has helped me memorialize so much of his teachings.

My daughter, Reagan, I tell you every night grandpa loves you and wishes you nothing but the best in life. Life will get hard and you will have to fight for what you want, but if God is on your side, who cares who is against you. God has a plan for you and you will learn it in due time.

This book series would not be possible if not for all the stories dad's friends and family shared with me. If you have a great story about dad or a good "Dennisism" please send it to us via Facebook or Instagram:

Facebook@RealMikeMurphy
Instagram@RealMikeMurphy

Thank you, Dad.

ABOUT THE AUTHOR
Michael Dennis Murphy

Michael Dennis Murphy, also known as @TheRealMikeMurphy, is a modern-day business leader, entrepreneur, and social influencer. Mike began his career in the automotive industry at 14, washing cars at his father's (Dennis Murphy) dealership in Florida. From a young age, Mike learned the value of company policies and procedures from his dad, and used those lessons to grow Murphy Automotive Group into five car dealerships throughout Florida, Georgia, and South Carolina. Mike attended Florida Atlantic University and received a bachelors in business management and real estate development with a minor in marketing. He also completed senior executive management training with Toyota University.

Mike used his entrepreneurial skills during college to build a wholesale used cars business selling to dealerships. This was just the first of many streams of income Mike started and managed throughout the years. The ancillary and support companies include a management company, an advertising company, two dealer-owned warranty companies, multiple LLCs, and real estate companies.

Using words of wisdom from his mentors, including his father Dennis Murphy and Coach Chris Ruisi, Mike has coached hundreds of employees at Murphy Auto Group and beyond. In all his business ventures, Mike's desire is to give employees opportunities to exceed their own professional and personal expectations. Mike shares the formulas and processes he implemented to bring multiple dealerships from the bottom 10% of the competing dealers market share to the top 10%.

Michael Dennis Murphy has been featured in publications such as Yahoo Finance, AP News, and many more. He is also a content contributor to Forbes.

REGISTER YOUR BOOK FOR ONGOING LEARNING OPPORTUNITIES

I appreciate your interest in *"Dennisisms": Leadership Lessons I Learned From My Father*. There are so many more Dennisisms that have not been memorialized yet and impossible to fit all in just one book or even two books.

Registering your book involves an important single step: go to www.realmikemurphy.com and click on the link to "Register My Book."

This decision will reap many rewards. The most important investment you can make is in yourself. This additional information benefits you personally and professionally through your entire career.

So, what are you waiting for? Register your book not today — do it right now!

"The greatest gift I ever had came from God.
I call him Dad."

Unknown

DENNISISMOS

*Lecciones de Liderazgo
que Aprendí de mi Padre*

Michael Dennis Murphy

MURPHY
PUBLISHING

ISBN 979-8-9850252-0-0

Impreso en los Estados Unidos de América

Traducción por Verónica León

Diseño, revisión y cordinación de publicación:
Institute of Spanish Communication, Inc.
Teresa V. Martínez
Joan Briand

Arte de Alexis Martínez Puleio
Portada, contraportada y póster central.
www.customartbyalexis.com, IG @ampuleio_art

Fotos de familia por Brittany Elise Photography

DENNISISMOS

El primer y sentido libro de Michael Dennis Murphy, "Dennisismos -- Lecciones de vida que aprendí de mi padre y que puedes aplicar a tu vida personal y profesional" es una gran obra de amor destinada a perpetuar el legado de su padre, Dennis I. Murphy, fundador de Murphy Auto Group. Dennis fue un autodidacta, un empresario, un visionario, y un humilde filósofo que aprendió mucho en la vida y que dedicó su tiempo a enseñarles el camino a los demás. Michael comparte la filosofía y la perspicacia comercial de su padre por medio de lo que él llama "Dennisismos": una serie de principios lógicos, prácticos y éticos para alcanzar el éxito, no solo a nivel comercial, sino también personal. Michael abre su corazón a todos aquellos que han perdido a su padre, y comparte el proceso de sanación catártica personal que todos los seres humanos atravesamos ante la partida de un ser querido, que es además, nuestro mejor amigo, socio de negocios, compañero de golf, entrenador de la vida, mentor y, ante todo, nuestro padre. Esta obra es un gran tributo a un empresario exitoso, con lecciones que todos podemos aprender y aplicar a nuestras vidas. Conociendo a Michael, y habiendo leído "Dennisismos", ansío reencontrarme con Dennis algún día".
KARL HORST, GENERAL MAYOR, EJÉRCITO DE LOS ESTADOS UNIDOS (RETIRADO)

"Este libro es la culminación del ímpetu y el espíritu de un hombre que pretende alcanzar el éxito, no solo en los negocios, sino también en la vida. Dennis siempre se tomó el tiempo necesario para enseñar, y ahora te toca a ti tomarte el tiempo para aprender. Mike Murphy es un ejemplo vivo y andante de los Dennisismos. Creo que Mike fue siempre el objetivo que Dennis tuvo en mente".
ALAN L. MURPHY

"Dennis Murphy fue un lector reflexivo, un padre dedicado, y un empresario inspirador. La recopilación personal realizada por Michael Murphy de las enseñanzas de su padre aporta una perspectiva sin precedentes del creador de un legado comercial sostenible, alentando a muchas otras personas a alcanzar la mejor versión de sí mismos... Son lecciones que todos podemos aplicar para ser mejores personas tanto en los negocios como en la vida".
PUNIT SHAH, CEO, LIBERTY GROUP

"Mike Murphy es una de las personas más humildes y genuinas que he conocido. Este libro está repleto de lecciones de vida y refleja fielmente las intenciones de un hijo que ama y admira a su padre".
VICK TIPNES, BLACKSTONE MEDICAL SERVICES

Hebreos 11:1
"Es, pues, la fe la certeza de lo que se espera,
la convicción de lo que no se ve".

¿Por qué es este libro bilingüe?

Mi padre no hablaba español. Este libro se ha traducido para honrar a mi esposa, Sylvana León Murphy, quien conoció, respetó y quiso mucho a su suegro y mentor, Dennis Murphy. Sylvana, gracias por ser mi ancla emocional durante esta pérdida tan devastadora. Te amo. Gracias a Verónica León, mi cuñada por esta traducción.

Esta traducción también honra a nuestros fieles socios y clientes hispanos. Su lealtad a nuestros negocios es responsable por una gran parte de nuestro éxito. Mi más sincera gratitud. Espero que estas lecciones de vida les guíen en su búsqueda del Sueño Americano.

--Mike Murphy

ÍNDICE

8   Agradecimientos

12   Prefacio • *¿Por qué se escribió este libro y por qué ahora?*

18   Introducción • *Para entender los Dennisismos, debes conocer a Dennis*

24   Capítulo 1 • *Si ha de ser, depende de mí*

32   Capítulo 2 • *Necesidad de un seminario de fijación de metas*

38   Capítulo 3 • *Debes tener una visión compartida*

44   Capítulo 4 • *Recuerda el factor "mooch"*

52   Capítulo 5 • *Adóptalo, luego adáptalo*

60   Capítulo 6 • *Enfócate en un crecimiento sostenible*

68   Capítulo 7 • *Las personas marginales saben que son marginales*

76   Capítulo 8 • *El concepto de circuito cerrado*

84   Capítulo 9 • *Invierte en ti mismo y no apuestes a los demás*

92   Capítulo 10 • *Recuerda tus seis círculos de influencia*

100   Conclusión • *Cómo Dennis nos sigue transmitiendo sus enseñanzas hoy en día*

104   Acerca del Autor • *Michael Dennis Murphy*

Para Reagan,
Ojalá que hubieses podido pasar más tiempo con tu
abuelo aquí en la tierra, pero siempre podrás orarle.
Eres nuestro futuro.

AGRADECIMIENTOS

Este libro no habría sido posible si mi padre no me hubiese abierto las puertas de su vida profesional cuando yo tenía tan solo 14 años. Me gustaría agradecerles a las personas que me inspiraron.

"Coach" Chris Ruisi, fuiste un ejemplo increíble de cómo invertir en los demás, cambiaste mi vida.

A mi madre **Janine**, mi esposa **Sylvana**, mi hermana **Jennifer**, su esposo **Jeff**, sus hijos **Ayden** y **Axten**, mi hermana **Daniele**, mi tío **Alan**, mi padrastro **Steve**, mi madrastra **Brenda**, a mis hermanastras **Priscilla** y **April**, mis suegros **Alvaro** y **Piedad**, y mi cuñada **Verónica**. Por supuesto, a mi familia extendida; todos ustedes me han enseñado mucho acerca de la humildad, la amabilidad y la determinación.

Mis hermanos paquistaníes **Imran** y **Fahad**; mis hermanos Pi Kappa Alpha **Troy, Dutch, Chip, Gerber, Smitty** (#1 and #2), **Robby**, mi hermano de crianza **Keith**. También me gustaría mencionar al **Dr. Mike O'Neal**, doctor de medicina tradicional y **Dr. Alvaro Colorado**, medicina alternativa. Hay tantas personas que mencionar.

Mis compañeros de trabajo **Mat, Andres, Noonan, Tina, Brian, Rodney, Barbara, Rodriguez**, y **General Horst**, todos ustedes significan mucho para mí, su lealtad y su arduo trabajo son increíbles. **Ernie Vadersen**, fuiste un mentor para mí.

También me gustaría darle las gracias a mi hija **Reagan**. Tú eres la razón por la que estoy escribiendo este libro. Quiero que conozcas todas las grandes lecciones que tu abuelo me enseñó a mí y a cientos de personas más. A tu abuelo no le importaba si eras el portero del lote o el Gerente Comercial, quería capacitar a cada uno de sus empleados personalmente. Tu abuelo conocía a la perfección el valor de la formación del personal, porque con una capacitación adecuada el empleado sería capaz de tener éxito en cualquier rol que estuviera destinado a ocupar.

MULTIPLE MYELOMA
Research Foundation

Nuestra Misión

Descubrir y desarrollar una **cura** para todos y cada uno de los pacientes con mieloma múltiple.

www.themmrf.org

Nuestra Cultura

El tiempo corre

Nos movemos muy rápido. En la batalla contra el cáncer, conocemos la importancia del tiempo. Es imperioso que nos apresuremos y actuemos con diligencia cuando se trata de tomar decisiones para el beneficio de los pacientes. Nuestra organización agiliza las comunicaciones entre socios y comparte información crítica con los investigadores para acelerar la cura para todos y cada uno de los pacientes con mieloma múltiple.

Innovación

Creemos en la continuidad. La cura contra el cáncer no se obtiene resolviendo problemas, sino buscando soluciones que transformen la manera en la que se hacen las cosas de manera definitiva. Nosotros abordamos el panorama general, como, por ejemplo, la creación de grandes bases de datos accesibles, y los más mínimos detalles, hasta el ADN de las personas, para estar a la vanguardia en la investigación contra el cáncer

Resultados

Creemos que las prácticas comerciales innovadoras generan un gran impacto y gracias a la visión empresarial de nuestro equipo de liderazgo somos una organización orientada hacia los resultados. Hemos contribuido al lanzamiento de 13 medicamentos al mercado para el tratamiento del mieloma múltiple. Y todavía resta mucho por hacer. Los ensayos clínicos en pacientes con mieloma no eran comunes hasta que surgió la MMRF, y en ese momento se abrieron 80 ensayos clínicos. Gracias al incansable trabajo que hacemos con la ayuda de los socios y la comunidad, las tasas de supervivencia en pacientes con mieloma múltiple han aumentado de 3 a 10 años.

Por último, quiero darle las gracias a mi padre **Dennis Murphy**.
Papá fuiste y sigues siendo mi superhéroe, mi mejor amigo, socio
de negocios, compañero de golf, mentor, y en algunas ocasiones, mi
compañero de cuarto. Las lecciones que me enseñaste me hicieron ser
quien soy. El tiempo que compartimos en partidos de béisbol y fútbol
fueron algunos de los mejores momentos de mi vida. Jugamos cientos
de rondas de golf juntos, y disfruté mucho del hecho de que siempre
quisieras ganarme, al igual que todas las demás cosas que compartimos.
Gracias por inculcar en mí el espíritu competitivo. El último año de tu
vida fue extraordinario. Compartimos muchos "últimos" juntos: último
Pro-Am, último FSU vs La U. Ambos pudimos celebrar mi primer y tu
último Día del Padre, el día de Acción de Gracias, la Navidad, y muchos
momentos más. Te amo, y te extraño todos los días. Mi vida nunca será
la misma sin ti, pero encuentro consuelo en el hecho de que Dios no
comete errores y que nos reencontraremos en el Cielo. Hasta entonces,
por favor, cuídame y guíame.

El melanoma múltiple se llevó a mi padre demasiado pronto.
Yo quiero ayudar a encontrar la cura de esta terrible enfermedad
y proteger a otras familias para que no tengan que pasar por esta
experiencia. Por 10 años yo he donado mi pelo a "Locks of Love", mi
dinero y mi tiempo para combatir el cáncer. Ahora 50% de las ganancias
de "Dennisismos" irán a la Fundación de Investigación de Melanoma
Múltiple. Gracias por su contribución a esta noble causa.

Dennis y su nieto, Ayden, después de quimoterapia.

LA VIDA

SOLOR PUEDE COMPRENDERSE

MIRANDO HACIA ATRÁS;

PERO DEBE VIVIRSE MIRANDO

HACIA ADELANTE.

-Soren Kierkegaard -

PREFACIO

¿Por qué se escribió este libro y por qué ahora?

¿Por qué se escribió este libro, y por qué ahora? La respuesta es simple: necesito guardar por escrito todo lo que pueda mientras las enseñanzas de mi padre sigan vivas en mi mente, para mi hija, Reagan, y los nietos que mi padre nunca llegará a conocer. Además de educar a la próxima generación de los Murphy, me gustaría compartir las enseñanzas de Dennis con cualquier persona que quiera alcanzar su potencial. Mi padre era mi mejor amigo y lo extraño mucho.

Dennis y Mike en el Superbowl, el 1ero de febrero de 2009

El fin de su vida aquí en la Tierra sucedió tan rápido. Aunque luchó durante más de 12 años contra el cáncer, nadie esperaba que falleciera tan pronto. Al final de su vida, nunca llegué a tener las conversaciones que pensé que tendría: *¿Cómo quieres que sea tu funeral? ¿Dónde quieres que te entierren? ¿Cómo puedo ayudar a cumplir tus deseos respecto de tus amigos y familiares?* Estas son preguntas que nunca llegué a hacerle, es por eso que lo tuve que adivinar. Algo que nunca tuve que adivinar acerca de mi padre fueron sus objetivos comerciales y lo que él esperaba de los demás a nivel profesional.

Mi primer y mayor deseo es que cuando leas estos Dennisismos y respondas las preguntas al final de cada capítulo, puedas aplicarlos a tu vida. También me gustaría que utilices un diario al terminar el libro para realizar un seguimiento de tus logros y celebrarlos con los demás.

Dennis Murphy sabía que una buena educación es extremadamente importante. En su opinión, los buenos modales deben reflejarse en cada uno de los aspectos de la vida. Esto incluye los negocios y una educación formal. Para entender por qué la educación era tan importante para mi padre, es importante que sepas que mi abuelo no sabía ni leer ni escribir y su vida, tal como la nuestra, se trató de superar la adversidad,

Dennis en 1967, seleccionado por Los Angeles Dodgers en la Secundaria Southwest Miami HS

contra viento y marea. Dennis fue reclutado desde la preparatoria por los Dodgers de los Ángeles y dedicó cinco años de su vida a ser atleta profesional. Después del béisbol, comenzó en la industria automotriz como vendedor de automóviles y esta se convirtió en su segunda profesión, una profesión que sacaría a su familia entera de la pobreza.

Mi último deseo es que luego de haber leído este libro, tú también logres alcanzar la independencia económica!

Empecé a trabajar junto a mi padre cuando tenía catorce años. Mi primer empleo fue lavando coches.

Cada vez que pasaban un par de meses, me asignaban un nuevo jefe y otro puesto, por lo general, en un departamento diferente. A pesar de que mis padres estaban divorciados, esto no impidió que él y yo nos comunicáramos a diario. Hablábamos de lo que yo aprendía en el concesionario y de cómo podía aplicar esas lecciones a los negocios, al deporte y a la vida.

Esta rutina no cambió, nunca. Dennis se retiró de las operaciones diarias de *Murphy Auto Group* a finales de 2016, y yo ascendí a ocupar el puesto de Director Ejecutivo de *Murphy Auto Group*. En estos momentos el Imperio Murphy incluye cinco concesionarios, de ellos dos Toyotas, dos Nissan y un Chrysler Dodge Jeep Ram. Además de varias empresas auxiliares y cerca de 400 empleados.

En la última conversación que tuve con él, antes de ir al hospital, me dio instrucciones específicas sobre la futura incorporación de una nueva empresa que se sumaría a *Murphy Auto Group*. Nunca dejamos de hablar de la familia, de la fe, de los deportes y los negocios, jamás. Fuimos los mejores amigos, pero también fuimos compañeros de golf y jugamos en cientos de torneos, desde torneos de caridad hasta torneos televisados de PGA ProAm.

Mike y Dennis, en Heritage Pro-Am 2012

El hecho de que mi padre, un ex-atleta profesional, fuera mi compañero deportivo, generó en mí, un cierto nivel de ansiedad, presión y emoción. Competimos con el alma, y ganamos muchos torneos. Mi padre solía decir que el golf y el béisbol se parecían mucho a la vida y a los negocios. En ambos deportes, siempre se pierde más de lo que se gana. En el béisbol, por ejemplo, conseguir golpear tres de cada diez lanzamientos en varios años te permitiría ocupar un lugar en el Salón de la Fama. Una tasa de éxito del treinta por ciento. Paradójico, ¿no lo crees? Bueno, en la industria automotriz, intentamos mantener una tasa de ventas del treinta por ciento entre todas las personas que entran a nuestros concesionarios.

Nunca supe qué tan maestro era mi padre hasta el día de su funeral, donde el Pastor Greg Johnson me habló sobre un plan de estudio y un proyecto de capacitación que estaban desarrollando para la comunidad. ¿Quién habría pensado que Dennis quería convertirse en profesor de negocios de la escuela de la vida? El funeral de mi padre fue la

verdadera inspiración para este libro. El elogio que pronuncié ese día incluyó "Los 10 Dennisismos principales" que él utilizó para educar a nuestros compañeros de trabajo, amigos, familiares y miembros de su iglesia. Luego del funeral, me sorprendió la cantidad de personas que se acercaron para hacerme preguntas sobre "Los 10 Dennisismos principales". Estaban ansiosos por tomar nota de ellos pero no llegaban a escribirlos a tiempo. Con este recuerdo en mente, decidí escribir este libro para honrar, desde mi punto de vista, al mejor Padre del mundo y asegurarme de que sus enseñanzas se mantengan vivas. Entonces, no perdamos tiempo y comencemos de inmediato. No hay mejor momento que el día de hoy, ¡por eso lo llaman presente! Como aprenderás en las palabras de mi entrenador, Chris Ruisi: "Es hora de dar un paso adelante y actuar en grande".

En memoria de mi amigo y mentor, Chris Ruisi, mi entrenador.

INTRODUCCIÓN

Para entender los Dennisismos, debes conocer a Dennis

"Cuando el alumno esté preparado, aparecerá el maestro.
Cuando el alumno esté verdaderamente preparado, desaparecerá el maestro".
—*Lao Tzu*

Para entender los Dennisismos debes conocer a Dennis Murphy. Fue el segundo de tres hijos varones: Larry, Dennis y Alan. Los hermanos Murphy. Decir que vivió en la pobreza sería quedarse corto. Dennis, vivió con su padre, su madre y sus dos hermanos en una casa de ochocientos pies cuadrados, con dos dormitorios y un baño, en la ciudad de Miami, Florida.

Dennis, su madre, Mildred, y sus hermanos, Alan y Larry.

Dennis se convirtió en un buen entrenador, porque estaba dispuesto a aprender. En la preparatoria ganó el premio al mejor atleta del año. Fue un premio muy merecido ya que jugó como profundo libre (Free Safety), retorno de despejes (Punt Returner) y pateador de despejes

(Punter) titular del equipo de fútbol americano. Dennis ganó una beca de fútbol en la Universidad Wake Forest, pero fue en el béisbol donde se lució y demostró su talento. Fue el mejor lanzador de su equipo. Dennis completó el último año de la preparatoria con una efectividad de 0,84. Tres días después de su graduación, Los Dodgers de los Ángeles sacaron a Dennis Murphy de su pequeña casa en Miami. Así comenzó el siguiente capítulo de la vida de mi padre.

Dennis jugó cinco temporadas de béisbol profesional, y en la cuarta temporada, su equipo ganó la Serie Mundial de la división. Durante esas cinco temporadas fue entrenado por grandes maestros. Los entrenadores y directores deportivos que le enseñaron béisbol, también le enseñaron cómo manejar las crecientes expectativas de la gente. Estas lecciones también se vieron reflejadas en su estilo de crianza.

Dennis en sus 20s

Mi padre me entrenó al igual que a todos los demás. Exigía excelencia en todo lo que yo hacía. Desde pequeño, mi padre solía darme regalos especiales para mi cumpleaños y cada regalo iba siempre acompañado de una tarjeta con alguna reflexión.

"El éxito es un viaje, no un destino". Recuerdo que una vez me dio una foto grande que tenía esa cita grabada. Durante las semanas siguientes, se sentó conmigo para reflexionar sobre el verdadero

significado de la frase y así comenzó a hacerme preguntas para educarme, como, por ejemplo, "¿Qué significa eso para ti, Mike?" Sin importar lo que yo respondiera, él no expresaba su opinión. Se aferraba a analizar cada punto para transmitir su mensaje. Aprendí tantas lecciones valiosas de esta manera, incluida la cita favorita de mi padre, de John Wayne, "La vida es dura, pero es mucho más dura si te comportas como un estúpido". Esa fue la forma que empleó mi padre para recordarme siempre que no me concentrara en las calificaciones de la escuela, sino en aprender las lecciones de la vida.

Regalo de Dennis a Mike con referencia.

En otro cumpleaños, me regaló una escultura de un balón de fútbol americano con una cita de Vince Lombardi "Cuanto más trabajas, más difícil es renunciar". Yo sabía lo que venía después. Papá me sentaría y me explicaría que solo existen dos posibles resultados de nuestras acciones. Cumples con tu trabajo y ganas, o no cumples con tu trabajo y pierdes. Renunciar nunca fue una opción. Mi padre no era el único que creía tan fervientemente en este concepto; se convirtió en el lema de todos los que lo rodeaban. Otra cita que siempre usaría fue "Tanto si crees que puedes como si crees que no puedes, estás en lo cierto".

Debido a que nunca se rindió, vivió diez años más de lo previsto tras su desolador diagnóstico de cáncer. Gracias a que nosotros no nos

dimos por vencidos, tomamos un concesionario con un rendimiento inferior al diez por ciento y en un año lo convertimos en uno de los diez mejores y más exitosos. Gracias a que Dennis no renunció, pudimos grabar muchos vídeos donde se lo puede ver brindando capacitación y enseñanzas a los miembros de *Murphy Auto Group* e incluso otros vídeos de celebraciones y eventos familiares. Estos vídeos fueron clave para el desarrollo de este libro. Sin ellos, no habría sido posible comunicar con exactitud y en detalle los diez Dennisismos que componen este libro.

A mi papá le encantaba enseñar con frases sencillas. Cuanto más sencilla fuera la frase, más probable sería recordarla. Su estilo de crianza incluyó citas como las que mencioné anteriormente. Su estilo de liderazgo comercial fue muy similar. Una de las historias favoritas sobre mi padre es la que narra cómo convirtió New Port Lincoln Mercury en un concesionario exitoso siguiendo, al pie de la letra, la declaración de la misión: *"Ser el concesionario que todos elijan, cumplir con las expectativas, es nuestro negocio; superarlas es nuestro objetivo"*.

New Port Lincoln Mercury patrocinando un torneo de tenis.

¿Qué significaba esto para Dennis? ¡Todo! Mi padre hacía referencia a esta misión cada vez que tenía la oportunidad. Si tenías que tomar una decisión sobre cómo resolver el reclamo de un cliente te recomendaba: "Lee la declaración de la misión".

Si estabas desarrollando o cambiando una política, proceso o procedimiento de trabajo, te sugería: "Lee la declaración de la misión". Un lema tan simple, *"Cumplir con las expectativas es nuestro negocio; Superarlas es nuestro objetivo"*.

Dennis nos enseñó que las "relaciones comerciales" eran lo más importante y la forma más rápida de crecer en lo personal y a nivel empresarial. Lo único que debíamos hacer era asegurarnos de que los clientes regresaran cuando lo necesitaran. Luego, cuando estuvieran listos para comprar otro vehículo, volverían para vivir otra experiencia placentera. Mi padre quería que las experiencias de nuestros clientes fueran tan provechosas que los convirtieran en "clientes incondicionales " y que ellos no fueran capaces de guardar el secreto. Él creía que a la gente le gustaba presumir y contarle a su familia y amigos sobre sus buenas experiencias, y buenos negocios que lograban concretar.

Como padre, nos enseñó lecciones de vida sumamente fáciles de recordar mediante citas sencillas. Como jefe, capacitó a sus empleados del mismo modo. Prepárate para aprender las diez lecciones de vida principales que mi padre les enseñó a muchos de sus empleados, familiares y amigos durante cuatro décadas.

Este libro te hará mejor persona. Lo único que debes hacer es poner en práctica estas lecciones.

CAPÍTULO 1

Si ha de ser, depende de mí

"Si mi mente puede concebirlo, y mi corazón puede creerlo, entonces puedo lograrlo".
—Muhammad Ali

El Dennisismo: Si ha de ser, depende de mí.

Orígenes: Se atribuye a William H. Johnsen. No pude encontrar ninguna biografía sobre él. Los sitios de referencia se refieren a él como un oficial militar que se especializó en aeronaves.

Mi interpretación como hijo: Debes hacerte cargo de tu propio desempeño y el de tu equipo. Bajo ninguna circunstancia debes culpar a los demás, incluidos todos y cada uno de los miembros de tu equipo. Si necesitas llamarles la atención por algo, siempre asegúrate de hacerlo en privado. ¡Tú eres el artífice de tu destino! No puedes dejar tu vida o éxito en manos de los demás. El destino y la acción van de la mano. "El destino pone ante ti las puertas de la vida, pero eres tú quien debe abrir y atravesar esas puertas". Creo que esta cita hace referencia a que debes aceptar tu destino, y actuar en consecuencia. Nadie más puede hacerlo.

Mi padre en acción: Habíamos comprado algunos concesionarios a mediados del año 2018. Iniciaba el año 2020 y Dennis no estaba conforme con la rotación que la compañía estaba teniendo en el nuevo segmento de mercado. Como estaba tan desilusionado por el desempeño de los concesionarios decidió convocar a una reunión en persona. Programamos la reunión, y dos semanas más tarde volamos en un avión privado desde Tampa a visitar las nuevas tiendas. El hecho de que mi padre fuera capaz de viajar en avión fue impresionante. Sus médicos le habían colocado un dispositivo eléctrico en la espalda para aliviar el dolor. Sin embargo, no logró encender el dispositivo y se pasó todo el

vuelo con una rodilla en el piso como un jugador de fútbol americano tomando un descanso en la línea de banda. Su descanso duró casi un hora y media, o el ochenta por ciento del vuelo, debido a que no podía permanecer en su asiento por más de cinco minutos. Si lo hubieran obligado a volar en un avión comercial, no habría podido viajar.

Cuando llegamos, nos registramos en el hotel y Dennis se fue a descansar hasta la reunión al día siguiente. La reunión se llevó a cabo en un salón de reuniones de un estadio de béisbol de ligas menores. En la pared había una pancarta con un Dennisismo clásico: "Si ha de ser, depende de mí". El mensaje también se visualizaba en una gran pantalla, cerca del campo central. Cuando todos habían llegado, Dennis les preguntó qué significaba la reunión para ellos en lo personal. Había unas diez personas en la sala, y todas respondían cosas sin sentido.

"Si ha de ser, depende de mí" Murales ubicado en los salones de entrenamiento en todos los concesionarios.

A Dennis finalmente se le acabó la paciencia, interrumpió al grupo y los salvó de pasar un momento bochornoso respondiendo a la pregunta: "¡La respuesta es simple! Todas las excusas que le han dado al presidente del área de mercado, al Director de Operaciones, y a Mike, demuestran una falta absoluta de liderazgo e incompetencia. Es necesario que aporten soluciones, ideas y que brinden oportunidades para resolver problemas o capacitar al personal". Su mensaje fue recibido por la mitad de las personas presentes en la sala. La buena noticia es que esa mitad sigue trabajando para *Murphy Auto Group* y sus concesionarios

están haciendo un excelente trabajo. La otra mitad ya no trabaja en la empresa y han sido reemplazados. Dennis siempre creyó que nuestros gerentes generales son como mariscales de campo titulares. Cuando las cosas salen conforme a lo esperado, su esfuerzo se recompensa muy bien y sus capacidades son resaltadas, y cuando las cosas salen mal ocurre lo contrario, ellos reciben poco dinero y ningún elogio. Cuando los líderes comienzan a culpar a los demás, todo se vuelve absurdo y nada bueno puede crecer ni prosperar. Los líderes incompetentes son predecibles y fáciles de identificar, sólo es necesario buscar a alguien que imparta órdenes; si nadie los sigue y no hay repercusiones para la insubordinación y la falta de acción, tienes ante ti a un líder inoperante. Mi padre y yo solíamos tener estos fructíferos debates sobre el porcentaje de empresas que cuentan con líderes con características similares a la descritas en el párrafo anterior.

Mike en el concesionario de CDJR en Augusta, Georgia.

"Uno de cada dos," solía responderle. "De ningún modo; muchos más," solía responderme. Después de muchas rondas de este ir y venir siempre parecíamos llegar a la conclusión de que solo una de cada diez, o tres de cada veinte compañías cuentan con líderes competentes. Es

increíble pensar que en nueve de cada diez empresas el liderazgo resulta ineficaz. Sin embargo, esto responde a muchas preguntas sobre las deficiencias en los servicios a las que nos enfrentamos a diario. Mi padre siempre creyó que los líderes competentes se caracterizan por:

- No culpar nunca a los demás.
- Comunicarse de manera clara y repetir varias veces las cosas.
- Capacitar a sus empleados directos individualmente y responsabilizarlos por el trabajo asignado.
- Motivar a las personas que conforman sus equipos mediante la previsión de objetivos realizables.
- Responsabilizar a todos, incluidos ellos mismos, de cumplir con sus promesas.

¿Cómo mides tu desempeño hoy en día? Busca un espacio de tranquilidad y evalúate con respecto a las expectativas de las características de los líderes competentes, sugeridas por Dennis Murphy. Elige un área en la que desees mejorar y envíate un mensaje de texto todos los días durante un mes. Al mes siguiente, elige otra área si estás listo para seguir adelante. Si no estás listo, repite el ejercicio. Mi padre siempre me hacía preguntas abiertas y me pedía que escribiera mis

Parte del equipo de Dirección: Mike Rodríguez, Imran Qureshi, Mike Murphy, Fahad Qureshi, y Waris Dugan.

respuestas en un diario. El propósito de escribir las respuestas a las preguntas formuladas al final de cada capítulo en la sección de puntos clave para recordar, es utilizar la información para crear un plan personalizado de educación continua, basado en las lecciones aprendidas en este libro.

Este plan te permitirá hacer lo siguiente al finalizar el libro:

1. Separar las lecciones del capítulo en dos categorías:

   A. Lecciones con las que el lector está de acuerdo.

   B. Lecciones con las que el lector NO está de acuerdo.

2. Dar prioridad a las lecciones con las que tú estés de acuerdo.

3. Implementar primero las lecciones más importantes en tu vida.

4. Crear una línea de tiempo para poner en práctica todas las lecciones con las que estás de acuerdo.

5. ¡Comprar el segundo libro y repetir el proceso!

Sección de puntos clave para recordar

Para el Capítulo 1, en primer lugar, debes escribir tus registros diarios y los puntos clave, y luego hacerte las siguientes preguntas para mayor claridad:

1. ¿Estás de acuerdo con el Dennisismo?

2. ¿Eres una persona especial que fue creada para un propósito especial, o eres sólo una víctima de las circunstancias y de tu entorno?

3. ¿Quién está realmente a cargo de tu vida? ¿Debería ser así?

4. ¿Le importa a alguien más tu éxito que a ti mismo?

5. ¿Qué piensas hacer para convertirte en un líder más competente?

1.

2.

3.

4.

5.

CAPÍTULO 2

Necesidad de un seminario de fijación de metas

"Una meta bien establecida está a mitad de camino de concretarse".
—*Zig Ziglar*

El Dennisismo: Necesidad de un seminario para fijación de metas.

Orígenes: Fue mi padre quien pronunció esta afirmación por primera vez, y mi equipo y yo la hicimos popular. El Dennisismo describe a una persona que parece no tener propósito alguno en la vida. El propósito nace de las metas, y los seminarios de fijación de metas de mi padre cambiaron la vida de muchas personas.

Mi interpretación como hijo: Muchas personas se despiertan cada mañana sin un propósito o meta. Flotan por la vida, de sueldo en sueldo, sin vivir realmente, solo sobreviviendo. Hay algunas personas más iluminadas que desean fijar metas en sus vidas de diversas maneras, pero que fracasan en el intento. El seminario de Dennis estuvo destinado a ayudar a gerentes y líderes promedio de nuestro grupo automotriz a descubrir su pasión y propósito en la vida. Queremos que todos nuestros empleados piensen por qué hacen lo que hacen. Lo que quieren hacer en la vida: ¿Les genera alegría y despierta en ellos un propósito? ¿Los ayuda a lograr sus objetivos personales y profesionales? ¿Qué quieren para sí mismos? Si hubieras tenido la oportunidad de asistir a este seminario, habrías despejado muchas de tus dudas y te habrías convertido en una persona diferente. Dado que mi padre falleció, este capítulo será tu ruta para organizar tu propio seminario de fijación de metas personales.

Mi padre en acción: A fines del año 2017, Dennis deseaba retomar la capacitación de nuestros ejecutivos y C-Suite. Entonces, en diciembre de ese año celebramos nuestro retiro anual con una sorpresa. La reunión se extendería un día más y todos los invitados podrían asistir

al seminario de fijación de metas. Entre los presentes estuvieron el Director de Operaciones, Mat Forenza y la Interventora Corporativa, Tina Hires. Después de asistir Mat Forenza expresó: "El seminario de fijación de metas me permitió poner foco en lo que realmente me importa en la vida. Las metas que escribí me han guiado hasta hoy. Desde el primer seminario que tuve con Dennis, mi vida ha encontrado su curso. He logrado más de lo que jamás podría haber imaginado. Dennis creía en lo imposible. El seminario me ayudó a soñar y a fijar metas que parecían imposibles en ese momento. Sin embargo, una vez las escribí y desarrollé un plan para alcanzarlas, dejaron de ser imposibles". Tina Hires, Interventora Corporativa de *Murphy Auto Group*, también expresó que significan las metas para ella: "Lo más importante que aprendí del seminario, es que antes de la sesión, no había concretado grandes metas personales. Nunca pensé que fueran posibles de lograr, así que tomé la molestia. Aunque tengo planeadas grandes cosas, después del seminario, y por primera vez en mi vida, creo poder concretarlas algún día.

Para comenzar el ejercicio de fijación de metas, debes hacer noventa minutos de silencio ininterrumpido. Los primeros quince minutos deben utilizarse para llegar a un lugar relajado en tu mente. Para mí es un "dōjō" japonés en una isla remota en Irlanda. Debes relajarte y respirar el aire allí, llegar a ese lugar en tu mente lo máximo posible. Al final de los quince minutos, no deberías tener preocupaciones, los problemas del pasado estarán ahí cuando regreses de este seminario. Todavía puedo escuchar a mi padre diciendo con un tono de voz tranquilizador, "RE-LA-JA-TE," relájate, libera tu mente, no pienses, solo respira". A continuación, dedica quince minutos a escribir no menos de veinte cosas que desees lograr durante el resto de tu vida, a nivel profesional y en lo personal. Necesitas al menos ocho objetivos personales y ocho objetivos profesionales. En este punto Dennis comentó: "hice esto cuando tenía veinte años, y hasta ahora he logrado concretar diecinueve de ellos. El único objetivo que no he cumplido ha sido tocar el saxofón". Ahora, desde el punto de vista de su hijo ¡eso habría sido un gran espectáculo! ¿Mi padre y un saxofón? Tal vez, con el pelo de Kenny G. pero no nos apartemos del tema.

Durante los próximos diez minutos, ora y/o medita para ver si hay algo que quieras lograr y que no hayas escrito. No te preocupes, casi todo el mundo termina agregando cosas a su lista después de este período. El subconsciente despertará ideas en ti que no imaginabas. Los siguientes quince minutos deben dedicarse a priorizar tus dos listas. Comienza con el objetivo comercial más importante, luego el segundo y luego el tercero. Repite el mismo ejercicio para los objetivos personales. Continúa y piensa en un solo objetivo grande que no estés seguro de poder cumplir. Este es el momento de ¡soñar en grande! Mi objetivo es tener uno de los grandes equipos de la liga de béisbol. A esto me refiero cuando hablo de soñar en grande. Tu objetivo más desafiante tomará mucho tiempo. Si ves que han pasado veinte minutos y aún no has completado esta sección, no hay problema. Simplemente no te detengas. Encuentra tu meta más osada, o debería decir, deja que te encuentre a ti. No sigas adelante sin esta meta. Al finalizar, posiblemente te sientas agotado. Como diría mi padre, "Has trabajado un músculo de tu cuerpo que nunca, o rara vez, trabajas". Tu subconsciente comenzará a trabajar para hacer realidad tus objetivos. Tan pronto como lo permitas, sentirás que tu subconsciente comienza a trabajar en ello cuando te vayas a dormir esa noche.

Si eres religioso, te recomiendo orar y ver si tu creador quiere sumar o restar algo de tu lista. Tanto para Dennis como para mí, mantener reuniones estratégicas con Dios nos permitió confirmar que las metas están alineadas con lo divino. Dios es bueno, y en todas las religiones, nosotros los fieles, queremos ayudar a hacer que el mundo sea mejor para todos. Tus objetivos deben seguir la misma premisa. El día después del seminario, mi padre les aconsejó a todos los que habían asistido que se encontraran con alguien con quien conectarse y en quien confiaran. Esta persona podría ser un amigo o algún familiar. La tarea de esta persona será actuar como un entrenador realista. Una vez a la semana y una vez al mes, tú y tu entrenador realista de confianza deberán reunirse para compartir actualizaciones sobre tus objetivos. No importa lo bien que lo estés haciendo, tu entrenador realista debe pasar tiempo contigo, trabajando en los objetivos que aún no se han logrado, y restablecer las prioridades. Los objetivos cambiarán los niveles de prioridades periódicamente, debes permitir que así sea.

Sección de puntos clave para recordar

Para tus registros diarios y los puntos clave del Capítulo 2, sigue la estructura aprendida en el capítulo uno. Deberás comenzar con los puntos clave y luego hacerte las siguientes preguntas para mayor claridad:

1. ¿Estás de acuerdo con el Dennisismo?

2. ¿Tienes una gran meta osada? Si es así, escríbela a continuación.

3. ¿Fijas tus metas para concretarlas durante el día, en forma semanal, mensual o algún día?

4. ¿Con quién compartirás tus metas? ¿Ante quién deberás rendir cuentas?

5. ¿Cómo y con quién celebrarás tus logros?

1. _____
   _____
   _____
   _____
   _____
   _____

2. _____
   _____
   _____
   _____
   _____
   _____

3. _____
   _____
   _____
   _____
   _____

4. _____
   _____
   _____
   _____
   _____
   _____

5. _____
   _____
   _____
   _____
   _____
   _____

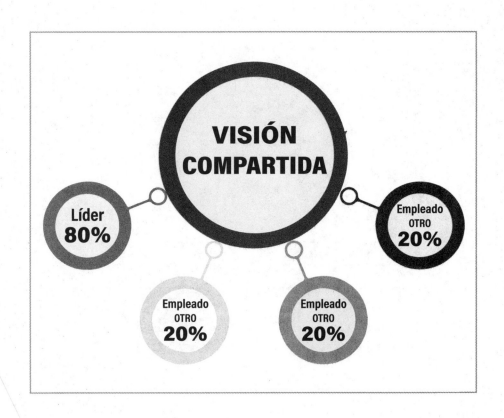

CAPÍTULO 3

Debes tener una visión compartida

"Pocas fuerzas humanas, si es que existe alguna, son tan poderosas como la visión compartida".
—Peter Senge

El Dennisismo: Debes tener una visión compartida.

Orígenes: Esta es una afirmación de Peter Senge. En 1990 creó el concepto de Visión Compartida y enseñó a muchos estudiantes y ejecutivos cómo usarla para ascender y concretar muchas metas de manera efectiva y anticipada. Mi padre utilizó este Dennisismo por primera vez en el año 2010, en una de nuestras charlas.

Mi interpretación como hijo: Muchos de nosotros entendemos el concepto empresarial de visión compartida. Se refiere a la idea de lograr que todas las personas se centren en una única perspectiva de lo que se va a lograr de manera equitativa. Esta no era la visión compartida de Dennis Murphy. Papá creía que las personas tenían que compartir la visión de la empresa y del dueño. Entraremos más en detalle sobre lo que quiso decir más adelante.

Recuerdo una vez que citaron palabras textuales del entrenador de fútbol americano Bill Parcells: "Si pretendes que yo cocine la cena, al menos déjame hacer las compras". Se acercaba más a la creencia de mi padre. Él creía que, como dueño y líder de la empresa, tenía que crear una visión, para luego explicar y vender esa visión a sus empleados con la mayor claridad posible a fin de que ellos también la vieran y compartieran. Sólo había lugar para un líder y una visión. En los concesionarios que mi padre tenía y operaba, él era ese hombre. Cuando me convertí en CEO, acordamos la visión en conjunto con mi padre y nuestros asesores de confianza, antes de hacerla pública. Seguimos haciendo lo mismo hoy en día.

¿Cuántas veces en los negocios hay equipos y empresas que tienen cinco o más empleados y cuando se les pregunta a los empleados individualmente acerca de la empresa, lo que hacen y para quién lo hacen, obtienes cinco o más respuestas diferentes? Puede ocurrir incluso en tu propio negocio, en el negocio que administras o en el que trabajas actualmente. Triste, ¿verdad? Mi padre usaría esto como fundamento de por qué solo el diez por ciento de las empresas en realidad tienen líderes competentes. Por lo tanto, mi interpretación del concepto de visión compartida de mi padre es que debes tener una visión compartida, el equipo que lideras debe compartir tu visión, en un ochenta por ciento la tuya, y en un veinte por ciento la de cada uno de ellos. Sólo hay lugar para un cocinero en la cocina y el que cocina, hace las compras y crea la visión.

Mi padre en acción: Esta reflexión de mi padre en acción, ocurrió hace mucho tiempo (al escribir esto me doy cuenta de que fue hace diez años, en realidad fue en el año 2010). Me convertí en gerente general de Toyota de Winter Haven cuando tenía veinticinco años. Esta era una nueva etapa. Creo que yo era el gerente general activo más joven en los Estados Unidos, y no fue fácil. Ser un GSM era fácil para mí, si controlaba al cliente y manejaba el proceso, lograba cumplir con mi objetivo de vender automóviles. Sin embargo, al convertirme en gerente general, las cosas cambiaron. Tenía que capacitar y organizar a los gerentes.

Al principio, traté de aplicar el concepto de visión compartida que me habían enseñado en la Escuela de Negocios Florida Atlantic University. Este enfoque académico no funcionó en lo más mínimo en la industria automotriz y fue un fracaso épico para mí en lo personal. Después de haber probado este enfoque durante noventa días, cumplí veintiséis años. Mi padre me invitó a un restaurante, y durante la cena de cumpleaños, me preguntó cómo me estaba yendo, frente a todos los demás. Le dije: "No muy bien," y luego pensé para mí mismo: "Gracias Jameson, nada como un sorbo de coraje para decir la verdad". Papá respondió: "¡Lo lograrás! Debes compartir la misma visión con tus gerentes".

Luego me escuchó veinte minutos despotricar contra todas las cosas que estaba tratando de hacer para lograr una visión compartida.

2019 sesión de entrenamiento en Augusta, Georgia.

Siempre permitía que todos pudieran expresar su punto de vista en las reuniones; caminaba por la sala haciendo preguntas y todos contestaban. Enumeré unos cuantos ejemplos más y entonces sucedió lo que nadie había imaginado. Mi padre comenzó a reírse de mí y dijo con tono directo y amable, como sólo él sabía hacerlo, "Escuchar a tus profesores de la universidad fue una pérdida de tiempo, recuerda que los que no pueden poner sus ideas en práctica, se dedican a la enseñanza". Luego la expresión en su rostro adquirió una mayor seriedad, y agregó "¡Te recomiendo que los guíes para que compartan tu visión!" Comparte tu visión con ellos ahora, y luego reemplaza a los que no la compartan por personas que sí lo hagan". Un gran consejo, fácil de decir, pero sumamente difícil de aplicar. Lo que pronto aprendí, y lo que Dennis me enseñó, es que cuando no compartes tu visión, es casi imposible conseguir que otras personas cambien su forma de pensar y comiencen a compartir tu visión. Logré una visión compartida luego de haber despedido a todos los gerentes y comenzado de cero con gerentes que oyeron mi visión desde el primer día. Fue aquí donde escucharon directamente mi visión. Luego les pedí que se comprometieran a compartir nuestra visión. "El compromiso es la clave", diría mi padre. A partir de ese momento, realmente comenzamos a construir un equipo.

Tener una visión compartida con tu equipo de gerentes o equipo de liderazgo es primordial para alcanzar el éxito. No puedes armar un equipo de trabajo, ni tampoco puedes construir una casa, sin una base. Mi padre creía que los gerentes y líderes que comparten tu visión sientan las bases más sólidas para garantizar el éxito. ¿Cómo puedes mejorar tu capacidad para hacer que otros compartan tu visión? Si eres un líder, debe haber seguidores. Los seguidores necesitan una razón para seguirte.

Sección de puntos clave para recordar

Recuerda que está bien estar en desacuerdo con cualquier Dennisismo, pero si es así, escribe en tu diario la razón. Esto será útil a medida que crees tú plan personalizado de educación continua. En el diario, para el Capítulo 3, deberás comenzar con los puntos clave y hacerte luego las siguientes preguntas para mayor claridad:

1. ¿Estás de acuerdo con el Dennisismo?

2. ¿Quién es el autor de la visión que aplicas a tu vida? Si eres tú, ¿la has escrito?

3. ¿Quién necesita compartir la visión contigo?

4. ¿Cómo comunicarás tu visión a aquellos que son importantes para ti?

5. ¿Quién revisará tus ideas preliminares?

6. ¿Cuándo harás una reunión contigo mismo para actualizar tu visión?

1. _____
_____
_____
_____
_____

2. _____
_____
_____
_____
_____

3. _____
_____
_____
_____
_____

4. _____
_____
_____
_____
_____

5. _____
_____
_____
_____
_____

6. _____
_____
_____
_____
_____

CAPÍTULO 4

Recuerda el factor "mooch"

"La mayoría de los empleados solo se preocupan por su propio beneficio".
—Chris Ruisi

El Dennisismo: Recuerda el factor "mooch".

Orígenes: Se desconoce el origen de esta afirmación, pero la definición de "mooch" obtenida de Google es la siguiente: "Pedir u obtener algo sin pagarlo. O ser un mendigo o un zángano". Mi padre acuñó el dicho factor "mooch" a principios de la década de los ochenta como una forma de explicar en qué se beneficiarían los empleados o jugadores. Creo que aprendió el dicho de un entrenador de béisbol, pero aún no lo he confirmado. Más adelante, continuaré con este tema.

Mike, Rodney Carter, y Dennis antes de una sesión de entrenamiento en Augusta, Georgia.

Mi interpretación como hijo: En el capítulo anterior hablamos sobre la importancia de la visión compartida y hacer que otros compartan tu visión. La mejor manera de captar la atención de los demás, sin importar si son tus empleados o jugadores, es explicarles "en qué podrían beneficiarse". Este concepto de explicar "qué ventajas podrían obtener" es lo que Dennis llamó el factor "mooch". EJEMPLO: La empresa decide empezar a pagar a los asociados de ventas cada quince días en vez de semanal. Si no les explicáramos el factor "mooch" a los empleados, es decir que sus cheques serán por más dinero, que ahorrar dinero será más fácil y que los bonos serán más fáciles de calcular, habríamos tenido una gran batalla en nuestras manos. Al haber definido claramente el factor "mooch", no tuvimos ningún contratiempo. Esto tiene mucho sentido; la mayoría de los empleados trabajan por el dinero, ¿verdad? bien, sin embargo, los estudios demuestran que el salario no es la prioridad de todas las personas. El dinero es, en realidad, cada vez menos importante para el nuevo personal "millennial". Si eres entrenador, tus jugadores son "millennials". Si eres un gerente de ventas, entonces la mayoría de tus subordinados también son "millennials".

Empleados del mes. Comprenden el Factor "Mooch".

Por lo tanto, al pedir una visión compartida, debes explicarle el factor "mooch" a cada persona a la que le pidas un compromiso personal. Es necesario brindarle una explicación detallada del factor "mooch". Y con los "millenials", mejor explica los beneficios para la sociedad y para nuestro planeta para captar un mayor interés.

Aquí hay algunas preguntas que necesitan respuesta:

1. ¿Cómo puede una visión compartida mejorar tu salario?

2. ¿Cómo crees que te sentirías en lo personal al compartir esta visión?

3. ¿Quién se beneficiaría al compartir la visión del líder?

4. ¿En que se beneficia la persona que asume el compromiso?

5. ¿Cómo se beneficia el cliente o el equipo?

6. ¿Cómo se beneficia a nuestro planeta con la visión compartida?

Mike y Dennis trabajando en los bonos para los empleados en el Aeropuerto de Atlanta.

Recuerda que el ingreso / salario es solo uno de los cinco o seis motivadores principales, dependiendo de la encuesta que leas. El factor "mooch" no es algo malo en absoluto. Creo que deberíamos considerarlo como la pregunta más importante que tenemos que responder para adquirir una visión compartida. Si adquirimos una visión compartida, lograremos concretar nuestras metas con mayor rapidez.

Mi padre en acción: Para esta reflexión, me remontaré a principios del año 2009 cuando recién había egresado de la universidad. Estaba tratando de convencer a mi padre de que los concesionarios necesitaban tener un Departamento de Internet independiente para manejar a los clientes en línea. Durante varias semanas e incluso unos meses, intenté sin demasiado éxito explicarle por qué necesitábamos tener un grupo especializado de personas que se ocuparan de responder las consultas en línea que llegaban a diario a la casilla de correos de posibles clientes, en tiempo real. En ese entonces, los gerentes solían imprimir las consultas de clientes potenciales y les decían a sus empleados: "Oye tú, llama a esta persona". Recuerdo que mi padre dijo: "Los clientes compran autos en el concesionario que les queda más cerca. No vamos a vender más autos, y si lo hacemos, no compensará los costos que implica la creación de un departamento especializado". Estaba claro para mí, que no hice un buen trabajo explicándole el factor "mooch" a mi padre. No respondí la pregunta de Dennis respecto de la ventaja que obtendría si implementaba mi idea.

Mirando hacia atrás, tiene sentido. Antes de que yo llegara, los departamentos de ventas hacían un pésimo trabajo respondiendo las consultas de los posibles clientes por correo electrónico. Yo era el futuro de la empresa y sabía lo que el factor "mooch" significaba para mí. Tenía que demostrarme a mí mismo primero, que un departamento de internet de una sola persona (yo) beneficiaría a los concesionarios. El segundo mes estaba respondiendo a todos los clientes potenciales

El equipo trabajando en prospectos y consultas por internet.

de Internet, yo mismo para los tres concesionarios. Tampoco era gran cosa; unos ciento cincuenta compradores potenciales al mes en total. Pero vendí cuarenta y dos coches. Tal como recordarás, en el año 2009, el país estaba en medio de una gran recesión y estas ventas adicionales, aunque fue un pequeño aumento de treinta coches, nos permitieron aumentar las ganancias brutas por ventas en casi el cincuenta por ciento para los concesionarios.

La siguiente conversación con Dennis fue mucho mejor que la primera, obviamente. Había demostrado mi valor y los resultados fueron el factor "mooch" que Dennis había estado esperando. Mi padre pasó de la idea de que nunca iba a funcionar, a ¿qué ocurriría si te asigno unas cuantas personas más? ¿Cuántas ventas más podrías hacer? La lección que aprendí aquí fue que, aplicando el estilo de comunicación del factor "mooch" de mi padre, las acciones son mucho más elocuentes que las palabras. No necesitaba decirle lo que iba a hacer; primero tuve que mostrarle lo que había hecho. Mi padre fue siempre un empresario progresista, y no me cabe duda de que, a su tiempo, habría tomado la decisión correcta de crear un Departamento de Internet. Es importante entender que yo compartí su visión de alta rentabilidad de los concesionarios y al mismo tiempo logré mejorar la satisfacción del cliente. Se me ocurrió una forma diferente de hacerlo. Lo que espero con esta lección, es que aprendas que cuando pides una visión compartida y obtienes el compromiso de otros para compartir tu visión, es importante que escuches las opiniones de los demás.

En esta situación, lo que yo hice con los concesionarios ayudó a mi padre no sólo a superar la Gran Recesión, sino también a fomentar el crecimiento de *Murphy Auto Group* durante esos tiempos difíciles de la historia de los Estados Unidos. Dennis creía que los sabios buscan consejo, pero deben responsabilizarse de las decisiones que toman. No podemos culpar a otros como aprendimos en el capítulo uno. Creo que el grupo que comparte la visión tiene el cuarenta y nueve por ciento de los votos y el líder, el cincuenta y uno por ciento restante. Dennis también lo pensaba así.

Sección de puntos clave para recordar

Espero que a esta altura hayas podido apreciar el valor de escribir en tu diario los puntos clave y responder a las preguntas al final de cada capítulo. Contestar las preguntas, te ayudará a obtener claridad acerca de lo que el Dennisismo significa para ti. Recuerda que "La belleza está en los ojos del espectador". Deberás comenzar por tomar nota de los puntos clave en tu diario y hacerte luego las siguientes preguntas:

1. ¿Estás de acuerdo con el Dennisismo?

2. ¿Tienes un factor "mooch"? Si es así, ¿se basa únicamente en el dinero?

3. ¿Cuándo necesitas algo, les explicas a los demás en qué podrían beneficiarse?

4. ¿Te responsabilizas de las decisiones que tomas cuando son desacertadas?

5. ¿Aceptas el aporte de otros con espíritu de servidor?

1. _____

2. _____

3. _____

4. _____

5. _____

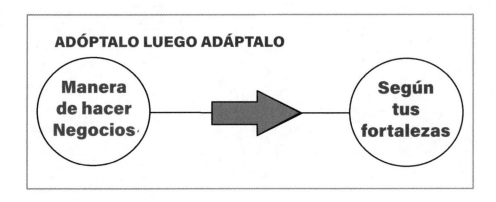

CAPÍTULO 5

Adóptalo, luego adáptalo

"Busca primero entender, y luego ser comprendido".
—Stephen Covey

El Dennisismo: Adóptalo, luego adáptalo.

Orígenes: Este Dennisismo surge de una cita de Stephen Covey: "Busca primero entender, y luego ser comprendido". En Utah en 1992, Dennis asistió a un Seminario de Liderazgo de Covey y escuchó la cita. Solía repetirla de esta manera al principio, "Busca primero entender y adoptar nuestra filosofía operativa (políticas, procesos y procedimientos), antes de esperar ser comprendido". Una vez que esto haya ocurrido y se haya implementado al cien por ciento, entonces y solo entonces, podrás adoptar nuestra filosofía operativa en torno a tu estilo de liderazgo".

Mi interpretación como hijo: En el capítulo tres, analizamos la visión compartida y en el capítulo cuatro hicimos referencia a cómo explicar el factor "mooch" a tus empleados o jugadores, y los beneficios que tiene la visión compartida. Este capítulo se basa en los capítulos anteriores. Cuando pides una visión compartida, lo que mayormente estás haciendo es que las personas se comprometan a seguir las políticas, procesos y procedimientos de la empresa; aquí es donde entra en juego la frase "adóptalo, luego, adáptalo.

Este Dennisismo surge de "adóptalo, luego adáptalo" y viene de "Adopta la filosofía del equipo o de la empresa al cien por ciento de tus capacidades. Una vez que haya hecho esto, entonces podrás adaptarte a las políticas, los procesos y los procedimientos en torno a la singularidad de tus talentos junto con tus habilidades".

El ejemplo que me gusta usar es el del mariscal de campo en la universidad. Cuando te conviertes por primera vez en titular, tienes que hacer todo al pie de la letra como tus entrenadores te dicen. Una vez que hayas ganado suficiente experiencia y hayas alcanzado el éxito jugando de esa forma, podrás adaptar el juego a la situación real que se vive en el campo. Así fue como mi padre me educó para convertirme en un líder. Hacer todo que te dicen con excelencia y luego, cuando tengas la oportunidad, hacer tu jugada. Cuando lo haces, es mejor que tengas razón. Después de todo, *Murphy Auto Group* es fiel al eslogan de la NASA "El fracaso no es una opción". Mi padre solía decirnos, a mí y a otros ejecutivos, "nunca es buen momento para cometer un error, los errores nunca son aceptables".

Equipo de Miracle Toyota en Haines City, Florida

Yo creo que los errores se definen como errores mentales, como dejar caer una pelota o una falta ética o moral de un empleado. Lo que no es un error, es intentar algo nuevo y obtener resultados negativos; eso se denomina aprendizaje. Si no cambias algún factor y obtienes resultados negativos por segunda vez, entonces eso se define como un error.

- ¿Estás aprendiendo o cometiendo errores?
- ¿Ves la diferencia ahora?
- ¿Escribes tus errores en un diario para que puedas aprender de ellos? Si no lo haces, volverás a cometer los mismos errores.

Mi padre en acción: Este ejemplo data de cuando nos separamos del primer gerente oficial de operaciones. "Actualmente estás demasiado

cerca de los árboles para ver el bosque," dijo Dennis. No tenía idea de lo que quiso decir, así que cuando le pregunté, mi padre me lo aclaró. "Lo que quiero decir es que esta persona te estaba dando los resultados que querías, pero tu ignorabas cómo los obtenía. Mike, no puedes alcanzar un crecimiento sostenible y el éxito sostenido por mucho tiempo si no te basas en la declaración de misión de la empresa".

Lo que mi padre me estaba diciendo era que esta persona estaba destruyendo nuestra reputación con los clientes y empleados porque no adoptaba las políticas, procesos y procedimientos de *Murphy Auto Group*. Si lo piensas, Dennis estaba cien por ciento en lo correcto. ¿Cómo puede alguien adaptar nuestra misión a sus propias capacidades y personalidad si primero no adoptan al cien por ciento las políticas, procesos y procedimientos de la empresa o del equipo?

Le pregunté: "Papá, ¿dónde aprendiste este concepto?" Él respondió: "En uno de los seminarios de líderes a los que asistí, creo que fue el Seminario de 7 Hábitos de Personas altamente Competentes de Stephen Covey". Mientras investigaba sobre este libro, aprendí más acerca del Señor Covey. En primer lugar, él y yo pertenecíamos a la misma fraternidad. En segundo lugar, era un gran creyente de las citas sencillas de liderazgo, como, por ejemplo:

- "Comienza con la meta en mente".
- "La forma en que vemos el problema, es el problema".
- "Sé luz, no juzgues. Sé ejemplo, no critiques".
- "Hay tres constantes en la vida... el cambio, la elección y los principios".
- "No somos seres humanos en un viaje espiritual. Somos seres espirituales en un viaje humano".

Si ocupas una posición de liderazgo, ¿Eres como mi padre? ¿Exiges que tus jugadores o empleados implementen las políticas, procesos y procedimientos de tu empresa o tu equipo a tu manera y con excelencia? O, ¿Eres el tipo de líder que sólo hace recomendaciones sin tomar medidas cuando los demás no respetan ni aplican tus normas?

Probablemente te estés haciendo la misma pregunta que mis gerentes generales. Cuando la gente le preguntaba a mi padre: "¿Cómo haces para que la gente haga lo que dices?" Aquí estaba su respuesta, es simple,

¿Alcanzarás tu potencial?

pero poderosa: "La diferencia entre una orden y una recomendación son las repercusiones en caso de inacción o insubordinación". ¿Tienes miedo de reprender a tus empleados o hacer que los jugadores den vueltas al campo? ¿De qué tienes miedo? Déjame adivinar, el miedo es que, si eres muy duro con ellos, te dejarán, ¿verdad? Bueno, ¿qué pasa si tú eres menos duro con ellos y se quedan? ¿alcanzarás tu verdadero potencial?

¿Qué tienen las personas como Vince Lombardi, Don Shula, Bill Belichick, y Nick Saban en común? Exigieron, y quiero decir exigieron, que todos los jugadores adoptaran la misma cultura (políticas), el mismo libro de jugadas (procesos), y las mismas formaciones (procedimientos) ya que, en caso contrario, no podrían continuar formando parte del equipo. Ojalá que este capítulo te motive a trazar una línea en la arena de la vida, tanto a nivel personal como profesional, para luego a exigir responsabilidad en los demás.

Sección de puntos clave para recordar

Dennisismo es "Adóptalo y adáptalo" y cuando se trata de tu diario, has adoptado nuestro camino. Ya puedes agregar tus propias preguntas. Recuerda que debes comenzar con los puntos clave y luego responder las siguientes preguntas para mayor claridad sobre cómo adoptar y luego adaptar:

1. ¿Estás de acuerdo con el Dennisismo?

2. ¿Buscas primero entender cien por ciento el mensaje de alguien antes de responder?

3. ¿Cómo puedes tener la mente más abierta de los empleados y jugadores que adaptan tus políticas, procesos y procedimientos?

4. ¿Comunicas claramente lo que quieres que tus empleados / jugadores hagan?

5. ¿Con quién compartirás luego este concepto?

6. ¿Qué vas a hacer para cambiar junto con tus empleados y jugadores?

1.

2.

3.

4.

5.

6.

CAPÍTULO 6

Enfócate en un crecimiento sostenible

*"Lo más importante en este mundo no es saber dónde estás,
sino hacia dónde vas".*
—*Johannes Wolfgang Von Goethe*

El Dennisismo: Enfócate en un crecimiento sostenible.

Orígenes: La definición típica del crecimiento sostenible, es la tasa máxima de crecimiento que una empresa puede lograr sin financiación adicional de capital o de deuda. A Dennis le gustó la parte de tasa máxima de crecimiento de esa definición, pero sintió que era más importante ver un crecimiento sostenible en el tiempo. Mi padre hizo popular este Dennisismo en el año 2019 cuando *Murphy Auto Group* implementó un proceso de informes de crecimiento sostenible. Este proceso se basó en el Dennisismo, y fue mi propio padre quien dirigió el proyecto, para implementar el proceso. Este fue el último logro más grande de su carrera profesional. Nuestros informes de crecimiento sostenible se han convertido en la piedra angular de nuestro estilo de gestión ejecutiva.

Mi interpretación como hijo: En el Capítulo 2 presentamos el proceso de fijación de metas, y en el Capítulo 3 revisamos la importancia de la visión compartida. El Capítulo 4 analizó la importancia de explicar el factor "mooch" (en qué podría beneficiarse tu empleado o jugador), y luego en el capítulo anterior hablamos sobre la importancia de adoptar las políticas, procesos y procedimientos de un equipo o empresa y cuando adaptarlos en torno a tu talento. Este capítulo trata sobre qué hacer después de que haya transcurrido un plazo de tiempo razonable y se hayan obtenido resultados. Como diría mi padre, "¡Enfócate en el crecimiento sostenible!"

¿Qué es el crecimiento sostenible? Es el resultado de una acción o transacción y el uso posterior de indicadores clave de rendimiento (KPI, por sus siglas en inglés) para ver si una empresa o equipo, departamento

Vista desde un drone. Miracle Toyota en Florida.

o división, o talento de un empleado está mejorando o empeorando. Mi padre siempre creyó que no alcanzaba con un mes para observar una tendencia. *Murphy Auto Group* examina todos los KPI en forma mensual. Las tendencias son evaluadas por un mínimo de noventa a ciento veinte días antes de tomar grandes decisiones.

Murphy Auto Group utiliza un sistema llamado "quartiling" (estimación por *quartiling*) para contribuir al proceso de identificación de empleados y departamentos que están logrando resultados que cumplen con o que superan las expectativas mínimas de empleo. Identifica quién está mejorando, quién está empeorando y quién no muestra cambios.

El crecimiento sostenible se puede lograr mediante el uso de "quartiling" para deshacerte de las personas que no estén mejorando y que no logren cumplir con las expectativas mínimas de empleo. Luego, debes contratar a las personas adecuadas que puedan cumplir y superar tus expectativas de empleo. Algunas empresas y equipos

luchan por seguir teniendo un crecimiento sostenido después de haber despedido a los supuestos malos actores, porque los reemplazan con otros de bajo rendimiento. Utilizamos "quartiling" para mejorar siempre a perpetuidad. Identificamos el veinticinco por ciento más bajo de cualquier cosa y cualquier persona que podemos clasificar. Luego reemplazamos el diez por ciento más bajo del personal con un criterioso sentido de urgencia todos los meses. Estamos contratando nuevos empleados y creciendo constantemente, no solo en número, sino en calidad de nuestros equipos, empleados, y concesionarios.

Recuerda que el crecimiento sostenible debe darse dentro de un plazo sostenible; por lo tanto, me gustaría llamarlo crecimiento sostenible al cuadrado, pero esto no es un libro de Mikesismos, ¿no es así?

Mi padre en acción: Era el año 2011 y mi padre tuvo que someterse a un trasplante de médula ósea en el Hospital General de Moffitt en Tampa, Florida. Fueron unos meses, pero a mí me parecieron años. Yo era el joven gerente general de Toyota de Winter Haven, tenía veintiséis años, era inexperto y estaba muy confundido acerca de qué hacer con algunos empleados que habíamos contratado recientemente. Algunos eran gerentes, y no estaban funcionando. Le hice a mi padre una pregunta "¿Cuándo te rindes respecto de alguien que contrataste?" Fiel al estilo Dennis Murphy, su respuesta fue increíble y sencilla. "¿Están haciendo un buen trabajo actualmente?" Cuando le dije que no, la siguiente pregunta fue "¿Tienen el potencial para hacer un buen trabajo y has notado que sus KPI mejoren?" Continuamos hablando, y cuando le respondí que la persona sí tenía potencial y que la persona sí estaba mejorando, concluyó que debíamos darle al empleado tiempo para mejorar. Si los empleados no estaban mejorando y no estaban haciendo su trabajo, concluyó que era necesario despedirlos y comenzar de inmediato la búsqueda de un reemplazo. ¡Las decisiones no tienen por qué complicarse innecesariamente!

Otra gran historia sobre el crecimiento sostenible es cómo mi padre y Mat Forenza, nuestro director de operaciones, idearon el "proceso de informes de crecimiento sostenible'. Mat Forenza dijo que los informes de crecimiento sostenible se habían diseñado para identificar fácilmente quién necesitaba capacitación, en qué aspectos necesitaba capacitación y quién debía ser despedido. Dennis me decía: "Tú construyes empresas

desarrollando un administrador y un proceso a la vez". Todavía utilizamos el proceso de los informes de crecimiento sostenible hoy en día. Cada empresa y equipo necesita tener un método objetivo para medir el rendimiento de los empleados. Si no lo haces, ¿cómo sabrás a quién promover? Si no lo haces, ¿cómo sabrás quién debe jugar como titular?

Desafortunadamente papá y yo creíamos, y yo sigo creyendo, que la mayoría de las empresas y la mayoría de los equipos utilizan información subjetiva para medir el rendimiento de sus jugadores y empleados. ¿Me gusta esta persona? ¿Trabaja arduamente? Estas son preguntas importantes, pero no deberían ponderar en las decisiones importantes. Las empresas de bajo rendimiento tienen en común sus gerentes: todos actúan igual e incluso se ven igual. La falta de diversidad en lo referente a raza, edad, género, orientación sexual, etc., limita la percepción corporativa de la realidad. También genera una incapacidad de relacionarse con los clientes y con otras personas, e incluso provoca una falta de innovación.

También veo personas que son promovidas y que no deberían serlo debido a racionalizaciones descabelladas y declaraciones ridículas para mí, como las siguientes:

- Nos abandonará si no lo promovemos
- Ha estado aquí mucho tiempo
- Es el hijo del jardinero de mi esposa
- Nadie más quería hacer el trabajo, o es la única persona que pude encontrar
- Estaba ganando demasiado dinero

No seas como estas personas. Haz un seguimiento y una estimación del crecimiento sostenible durante un plazo sostenible, y te sorprenderás de cómo tú y tu equipo pueden mejorar en un lapso relativamente corto.

Mike entrenando en Houston, Texas, 2019.

Sección de puntos clave para recordar

El Capítulo 6 se trata del crecimiento sostenible. Yo luché para seguir creciendo a nivel personal y profesional sin un plan de educación continua. Es necesario que generes tu propio plan de educación continua. Este plan surgirá de tu diario y de las conclusiones clave. Por favor anota tus conclusiones clave y luego responde las siguientes preguntas para mayor claridad:

1. ¿Estás de acuerdo con el Dennisismo?

2. ¿Utilizas KPI para medir objetivamente el talento de tus empleados?

3. ¿Cómo se puede medir mejor el crecimiento sostenible?

4. ¿Promueves a las personas por las razones correctas?

5. ¿Estás reemplazando activamente el diez por ciento más bajo del personal con un criterioso sentido de urgencia?

6. ¿Los empleados o los jugadores duran mucho tiempo en sus puestos o posiciones porque te caen bien?

1. _____
_____
_____
_____
_____

2. _____
_____
_____
_____
_____

3. _____
_____
_____
_____
_____

4. _____
_____
_____
_____
_____

5. _____
_____
_____
_____
_____

6. _____
_____
_____
_____
_____

Las personas marginales saben que son marginales, y todos los demás lo saben también.

CAPÍTULO 7

Las personas marginales saben que son marginales.

"Lidiar con los problemas de los empleados puede ser difícil,
pero NO lidiar con ellos puede ser mucho peor".
—Paul Foster

El Dennisismo: Las personas marginales saben que son marginales.

Orígenes: Mi padre estaba seguro de que este Dennisismo era una cita, pero después de buscar en Internet durante horas no la encontré. La cita completa es "Las personas marginales saben que son marginales, y todos los demás lo saben también". Obviamente, mi padre la acortó, pero nunca perdió el foco al comunicar el siguiente punto: Todos sabemos quién esta y quién no está haciendo su trabajo. Por lo tanto, tu inacción como líder es mucho más elocuente que tus acciones. Debes reemplazar a las personas que necesitan ser reemplazadas.

Mi interpretación como hijo: Todo el mundo está siempre pendiente de las decisiones tomadas o no tomadas por el grupo de liderazgo. Este Dennisismo se basa en el último capítulo sobre crecimiento sostenible. ¿Qué hacemos con las personas que no están mejorando, y que no cumplen con nuestras expectativas mínimas de empleo? Despedirlos, ¿no es así? Este Dennisismo está destinado a brindarte la tranquilidad de que despedir a los empleados o jugadores que no cumplen con las expectativas será más fácil de enfrentar que tus propios miedos, porque ellos lo ven venir al igual que todos los demás. Debes asegurarte de haber comunicado claramente los siguientes puntos antes de despedir a un empleado. En *Murphy Auto Group* los llamamos "los tres strikes para despedir a un empleado":

Dennis grabando un video de entrenamiento para la reunión anual de 2018.

1. ¿Comunicamos claramente por escrito las expectativas mínimas de empleo?
2. ¿Comunicamos claramente por escrito sus deficiencias?
3. ¿Les dimos tiempo para mejorar dichas deficiencias?

Si la respuesta fue afirmativa en los tres casos, no los estás despidiendo; se han descalificado a sí mismos del empleo.

Este es un hecho importante, permítanme aclararlo, despedir a la gente nunca es fácil, ni debería serlo. Pero cuando alguien se descalifica a sí mismo del empleo a causa de su rendimiento, lo complicado (despedirlos), es lo mejor que se puede hacer ambas partes. Dennis y yo creíamos que todo el mundo puede ser exitoso, todo lo que necesitan hacer es encontrar su especialidad. Si el empleado o jugador no está rindiendo y no mejora, necesita un ajuste de carrera en algo en lo que pueda tener éxito. Reflexiona sobre ello, ¡nadie debe vivir una vida de constante fracaso y decepción!

Mi padre en acción: "¡Papá! ¡Papá!" Grité desde el otro lado de la cocina. Sabía que tenía los audífonos puestos porque me respondió "¿Por qué estás gritando?" Me reí y dije: "Necesito hablar contigo. Nunca he despedido a un gerente general y tengo miedo de que esto no salga bien". Esta fue la primera vez que escuché a mi padre pronunciar el Dennisismo del capítulo siete: "Mike, las personas marginales saben que son marginales, y todos los demás lo saben también". Estuve de acuerdo.

Luego me preguntó:"¿Entiendes todo el asunto?" Le respondí: "Sí, absolutamente". Estaba mintiendo, y él lo sabía. Repitió el Dennisismo y luego puso énfasis con tono amable, "que todos los demás también lo saben, Mike". Luego desarrolló el punto al que quería llegar: "Si no despides a esa persona, o a cualquier otra persona que debas despedir, todo el mundo verá que eres débil y perderás credibilidad. Si pierdes suficiente credibilidad, podrías llegar a perder el control de tu compañía. No puedes permitir que eso suceda; debes evitarlo, por ti y por esta familia, ¿me entiendes?". Dije "Sí, lo entiendo", pero francamente no lo entendí.

Realmente necesitaba eso, pensé para mí mismo. Pero, tampoco quería perder credibilidad con mi padre, así que le dije: "Mi gran preocupación es ¿qué pasaría si este gerente general no lo ve venir y no me cree y se enoja y se pone violento?" Mi padre se rió y dijo:"¿Has llevado a cabo toda la capacitación personalizada para que nos preparamos y sobre la que hablamos?" Le respondí: "Sí, al cien por ciento" y en realidad lo había hecho. Fue en ese momento que me respondió: "Entonces, si no lo ve venir, es ciego y sordo; por lo tanto, ¡no tienes nada de qué preocuparte!"

Mike en una reunión individual con dos miembros del equipo.

Un gran punto clave de esta lección es la importancia de las reuniones individuales. *Murphy Auto Group* hace reuniones individuales mensuales con todos los gerentes y como mínimo trimestralmente con el resto de los empleados. Sin estas reuniones, los empleados podrían

recibir sorpresas desagradables al ser despedidos, y en esas situaciones nadie sale ganando, salvo que seas un abogado especializado en derecho laboral. Las reuniones individuales harán hincapié en el hecho de que el empleado se está desempeñando de manera marginal, y de que su rendimiento individual es marginal.

Un buen amigo mío, Bob Richards, me hizo acordar de un día en que mi padre le dijo un par de veces "El noventa por ciento de tus preocupaciones nunca se hacen realidad". Con las reuniones individuales, el noventa por ciento de la preocupación desaparece. El gerente o entrenador, después de haber felicitado al empleado o jugador por lo que hace bien, debe definir claramente el diez por ciento de las cosas por las que el empleado debe preocuparse, porque lo está haciendo mal. La claridad es clave en todo lo que hacemos; nuestros empleados necesitan saber de qué preocuparse o se preocuparán por las cosas equivocadas.

Reunión anual con el Equipo Corporativo, 2020.

¿Cuántas veces en tu carrera has despedido a un empleado o dejado ir a un jugador? ¿Alguna vez no lo han visto venir? Si eres como mi padre y yo, que hemos tenido que despedir a muchos empleados, nadie se verá sorprendido. Algunos incluso dirían que lo vieron venir, pero pensaron que tenían más tiempo. Descansa tranquilo sabiendo que las personas marginales saben que son marginales, pero ten en cuenta que todos los demás lo saben también. Como diría mi CEO entrenador Chris Ruisi, "Contrata lento, pero despide rápido". ¡No lo olvides!

Sección de puntos clave para recordar

Respecto del Dennisismo del Capítulo 7, "la gente marginal sabe que es marginal", muchos lectores lo consideran sumamente polémico. Después de escribir tus puntos clave y las conclusiones del capítulo, responde a las siguientes preguntas:

1. ¿Estás de acuerdo con el Dennisismo?

2. ¿Alguna vez has despedido a alguien que no lo vio venir?

3. ¿Mantienes reuniones individuales con tus empleados?

4. ¿Mantienes reuniones individuales con tus empleados por las razones correctas?

5. ¿Tienes miedo de despedir gente? Si así fuera, ¿por qué? ¿Es hubo malas reacciones frente a un despido?

6. ¿Por qué crees que algunos lectores encuentran este Dennisismo tan polémico?

1. _____
_____
_____
_____
_____

2. _____
_____
_____
_____
_____

3. _____
_____
_____
_____

4. _____
_____
_____
_____
_____

5. _____
_____
_____
_____
_____

6. _____
_____
_____
_____
_____

CIRCUITO CERRADO

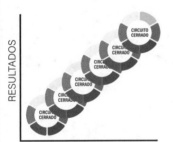

RESULTADOS

TIEMPO

El proceso de circuito cerrado se puede resumir con los siguientes seis pasos:

1. Mirar el esfuerzo y los resultados.

2. Medir el esfuerzo y los resultados respecto de los estándares de la industria.

3. Identificar lo que quieres cambiar.

4. Informar el cambio a la persona o personas.

5. Obtener el compromiso de tu jugador o empleado.

6. Volver a medir los nuevos resultados para comparar y repetir un círculo sobre el mismo tema si es necesario o pasar a un tema o área diferente a mejorar.

CAPÍTULO 8

El concepto de circuito cerrado

"La mejora continua es mejor que la perfección tardía".
—*Mark Twain*

El Dennisismo: "Hay que recordar siempre el concepto de circuito cerrado".

Orígenes: Mi padre asistió a tantas conferencias sobre liderazgo y clases de superación personal que después, haciendo mi investigación para el libro, este concepto fue la fusión de algunas lecciones que se combinaron para crear un único Dennisismo. El concepto de circuito cerrado comienza con el método utilizado por los científicos. Básicamente mi padre adoptó la idea de que para obtener resultados diferentes debemos hacer algo diferente. Luego, ahondó en toda la capacitación que recibió en los Institutos Covey de Liderazgo, donde aprendió el poder de las revisiones de rendimiento individual. Esto tuvo como resultado su propio concepto: el concepto de circuito cerrado.

Mike haciendo una revisión mensual con líderes de la corporación.

Mi interpretación como hijo: El concepto de circuito cerrado significa que nosotros, en calidad de líderes de nuestros equipos y empresas, también debemos vernos como científicos. El concepto de circuito cerrado comienza con una línea base de esfuerzo, resultados y tiempo. Piénsalo de esta manera; mides el esfuerzo y los resultados de tus equipos, departamentos, y empresas por un plazo determinado. Este es el primer paso del concepto de circuito cerrado: Identificar el esfuerzo y los resultados de tu talento (empleados o jugadores).

El segundo paso es medir los esfuerzos y resultados comparados con los estándares y/o puntos de referencia de la industria. En venta minorista automotriz, tenemos puntos de referencia para el esfuerzo y los resultados. Un ejemplo de cada uno sería: Número de llamadas telefónicas salientes realizadas como punto de referencia, porque siempre se puede aumentar el esfuerzo llamando a más personas. Número de vehículos vendidos, porque es un punto de referencia basado en resultados, ya que tu esfuerzo sólo puede tener como resultado una de dos opciones – una venta o ninguna venta. Si el primer paso es identificar el esfuerzo de tu equipo y los resultados, el segundo paso es identificar lo que deseas medir en comparación con los datos recopilados en el primer paso.

Mike presentando el concepto de Circuito Cerrado en Augusta, Georgia.

Ahora que has identificado el esfuerzo de tu equipo y los resultados, y los KPI, ponte la bata de científico e identifica lo que deseas cambiar en tu equipo. Tercer paso: También deberías hacer una hipótesis de qué tipo de resultados deben producirse en función del cambio que has identificado. En resumen, el paso tres consiste en identificar lo

que deseas cambiar y/o los resultados que crees se van a producir si el cambio es correcto.

El cuarto paso es comunicar el cambio a la persona o personas. Mi padre prefería capacitar a las personas individualmente. *Murphy Auto Group* mantiene dos tipos de reuniones: reuniones de capacitación general en entornos grupales con refuerzo positivo y reuniones privadas más directas en lo que respecta a la capacitación y a las sanciones. Mi padre creía que nunca debías ridiculizar o criticar excesivamente a los jugadores o empleados en público. Esto es más fácil decirlo que ponerlo en práctica, pero confía en ti mismo, si yo lo puedo hacer, tú también puedes. Puedo escuchar a mi padre diciendo, "Nadie cambiará si no se lo dices, y cuando se lo digas, no olvides explicarles el factor "mooch". Por último, al ejecutar el cuarto paso, por favor, asegúrate de darle a tu jugador o empleado como mínimo los siguientes datos:

- Diles lo que deseas cambiar y/o pídeles que lo hagan de manera diferente

- Diles en qué podría beneficiarlos (factor "mooch").

- Diles lo que deseas cambiar y/o pídeles que lo hagan de manera diferente, otra vez.

- Diles para cuándo necesitan tenerlo hecho.

- Diles cuáles serán los resultados previstos si cambian o hacen algo diferente.

- En resumen, diles todo lo que les acabas de decir de nuevo.

Al finalizar el cuarto paso pasamos al quinto paso – obtener el compromiso del jugador o empleado. El compromiso se solicita al finalizar el cuarto paso. Una vez obtenido el compromiso, necesitarás lo siguiente:

- Que el jugador o empleado esté de acuerdo con poder cumplir el compromiso (tener la capacidad física y/o intelectual)

- Que el jugador o empleado esté de acuerdo en que quiere cumplir el compromiso (debe expresar su deseo mentalmente)

- Luego, el jugador o empleado se comprometerá a hacer lo que desees, cómo lo desees y cuándo lo desees

• Es necesario agradecerles y comprometerte a estar disponible en caso de que te necesiten

El último y sexto paso, consiste en medir tus nuevos resultados con respecto a los resultados predecibles en tu hipótesis, en el paso anterior. En este punto, no te desanimes porque nadie lo consigue al cien por ciento. Una letra "A" en la escuela en los EE. UU. es sólo el noventa por ciento. Si has avanzado lo suficiente en el cambio y los resultados de este circuito, luego, repite el circuito con otro cambio. Si los resultados no están dentro del ochenta por ciento de lo previsto, entonces repite el circuito con el mismo resultado deseado. El proceso de circuito cerrado se puede resumir con los siguientes seis pasos:

1. Mirar el esfuerzo y los resultados.

2. Medir el esfuerzo y los resultados respecto de los estándares de la industria.

3. Identificar lo que quieres cambiar.

4. Informar el cambio a la persona o personas.

5. Obtener el compromiso de tu jugador o empleado.

6. Volver a medir los nuevos resultados para comparar y repetir un círculo sobre el mismo tema si es necesario o pasar a un tema o área diferente a mejorar.

Mi padre en acción: Como podrás imaginar, el creador del concepto de circuito cerrado lo citaba y explicaba con frecuencia. El ejemplo que me gustaría dar en este capítulo tuvo lugar a fines del año 2013. Habíamos contratado a un Gerente General Arrogante Señor Sabelotodo que no estaba cumpliendo con nuestras expectativas mínimas de empleo. Su gerente de ventas era inteligente, tenía un gran talento y le estaba yendo bien en el mercado minorista automotriz. Tuvimos una reunión con los dos con el propósito de enseñarles cómo desarrollar talentos, incluyendo asociados de ventas y jefes de departamento. Mi padre comenzó la reunión diciendo: "Muchachos, gracias por acompañarnos hoy. El propósito de nuestra reunión es compartir con ustedes un concepto que me ha ayudado a desarrollar mi liderazgo, gestión y habilidades de desarrollo de los empleados". El gerente general se inclinó hacia atrás en la silla, perdiendo interés en la charla y haciendo aportes mínimos para conservar su trabajo. El gerente

de ventas se enganchó por completo, y permaneció sentado en el borde de su silla haciendo preguntas importantes.

Me pareció interesante cómo el gerente de ventas, quien estaba ansioso por aprender, oía con atención las clave del éxito de un tipo como Dennis. El gerente de ventas le preguntó "Dennis, ¿es así como construiste un equipo tan sólido en el pasado?" y antes de que mi padre pudiera responderle, el gerente general, dijo "Sé cómo hacer todo esto. Dime cuánto dinero quieres hacer y lo haré por ti. Piensa en mí como una inversión". Este fue un comentario totalmente desacertado. Mi padre se volvió hacia el gerente y le dijo con tono muy claro: "Debes entender una cosa, *Murphy Auto Group* no se trata de cuánto dinero podemos ganar, se trata de qué tan fuerte es el equipo que podemos construir y qué tan bien podemos poner en práctica nuestra estrategia".

El gerente general de ventas que estaba ansioso por aprender exclamó "¡Sí, al igual que Lexus, estamos en la búsqueda de la perfección"! ¿Te parece interesante que el gerente de ventas que estaba entusiasmado con el aprendizaje se haya convertido en un individuo exitoso en el comercio minorista de automóviles, porque tenía el espíritu de un estudiante y el deseo de aprender? El gerente general, que pensó que lo sabía todo, ya no es empleado de *Murphy Auto Group* y actualmente está desempleado. ¿Qué nos enseña esta lección? Yo creo que el primer punto es que, si el propietario de la empresa habla contigo, tienes que estar comprometido y prestar atención. En segundo lugar, lo más importante por recalcar es que no importa quién eres en la vida, si has llegado a la cima una vez, no dejes de aprender y crecer. A mi padre le encantaba decirme: "Si estás verde significa que estás creciendo, si estás maduro, entonces te estás pudriendo". Creo que él comparaba a los empleados con tomates. La cita original es de Ray Kroc.

"¿Estás verde o te estás pudriendo?"

¡Nunca dejes de aprender!

Sección de puntos clave para recordar

El Capítulo 8 sobre el concepto de circuito cerrado es uno de mis favoritos. Disfruta al escribir las conclusiones importantes y luego responde a las siguientes preguntas:

1. ¿Estás de acuerdo con el Dennisismo?

2. ¿Te consideras un estudiante de tu profesión?

3. ¿Quieres resultados diferentes en la vida? ¿Estás haciendo algo diferente para obtenerlos?

4. ¿Cómo comunicas claramente los cambios que quieres ver a nivel personal y profesional?

5. ¿Le das a la gente plazos fijos para mejorar su rendimiento o les das plazos abiertos?

6. ¿Cómo piensas utilizar el concepto de circuito cerrado para mejorarte a ti mismo y a los demás?

1.

2.

3.

4.

5.

6.

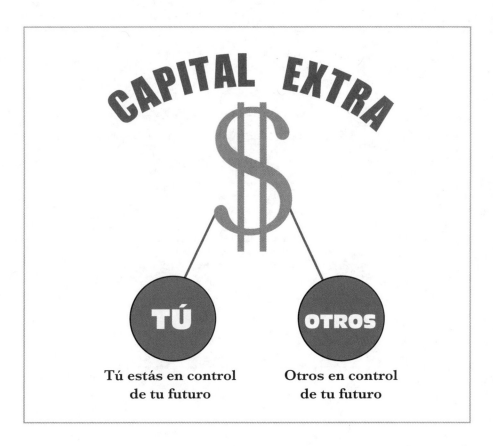

CAPÍTULO 9

Invierte en ti mismo y no apuestes a los demás

"No me gusta apostar, pero si hay algo en lo que estoy dispuesta a apostar, es en mí misma".
—Beyonce

El Dennisismo: Invierte en ti mismo y no apuestes a los demás.

Orígenes: Mi padre siempre me recordaba este Dennisismo, cada vez que tenía la oportunidad de invertir en algo que parecía demasiado bueno para ser real. Aunque no puedo confirmar esta teoría, estoy casi seguro de que creó este Dennisismo por su experiencia. Mi padre siempre me decía que las mayores probabilidades de ganar se dan cuando apuestas en ti mismo. La gente exagerará o te defraudará constantemente, por lo tanto, ahorra tu dinero e invierte en ti mismo.

Mi interpretación como hijo: Este Dennisismo se trata de concentrarte en lo que eres bueno, especialmente cuando ya hayas logrado cierto éxito en ese campo. Siempre hay gente que te vende una idea o una inversión mejor, la farsa de hacerte millonario en poco tiempo, y el juego de bienes raíces. Las personas exitosas se distraen invirtiendo en cosas en las que no son expertos e incluso algunos lo pierden todo. Hay mucha más gente que pierde dinero en nuevas ideas, en lugar de ganarlo. Es por eso que, cuando las personas son exitosas parece que ganaran de forma injusta sus ganancias. Las ideas nuevas son como la lotería con probabilidades un poco más elevadas.

Estudiaremos este Dennisismo en dos mitades. La primera mitad es: "Invierte en ti mismo". Lo que mi padre está diciendo aquí es que necesitas invertir en lo que sabes y en lo que ya estás haciendo con éxito. Yo preferiría invertir en mí mismo, porque sé que he tenido éxito, y que voy a tener éxito en el futuro. Yo vendo automóviles y si quiero hacer más dinero entonces necesito vender más automóviles en mis tiendas

actuales o agregar más tiendas. También soy consciente de que tengo control sobre las acciones que afectan directamente mi inversión, y cuando invierto en otros, estoy renunciando a ese control.

Ahora, la segunda mitad de este Dennisismo es: "No apuestes a los demás". Lo que mi padre quiso decir es que realmente no hay inversión en otros porque careces del control necesario para el uso de tus fondos, en el mejor de los casos se considera una apuesta. Mi padre creció cerca de un canódromo donde su hermano mayor Larry vendía periódicos, y mi padre solía comparar las apuestas de principiantes y otras farsas para hacerse millonario en poco tiempo con las apuestas de carreras de caballos o perros. Piensa en esto por un segundo, si una inversión consiste en destinar dinero y/o fondos a algo que puedes controlar, entonces una apuesta es destinar dinero y fondos a algo que no pueden controlar. Por lo tanto, apostando por una iniciativa para hacerse millonario rápido o en un caballo o en un perro corriendo en una pista todos tienen aproximadamente las mismas probabilidades de ganar.

Este Dennisismo no significa que no debes invertir tu excedente de efectivo y activos en el mercado de valores o trabajar con un administrador de dinero. Sólo tienes que mantener el control. Si decides realizar este tipo de inversiones, asegúrate de hacer o haber hecho lo siguiente:

- Asegúrate de que has seleccionado el tipo de estrategia de inversión que te resulte más cómoda. Recuerda que el riesgo será mayor a medida que aumenten las posibilidades de ganancia.

- Asegúrate y comprueba los cálculos realizados por el administrador del dinero. ¿Realmente has ganado el diez por ciento si empezaste con un millón y ahora tienes un millón ochenta mil en tu cuenta?

- Asegúrate de recordar que puedes despedir personas y/o vender acciones y bonos cuando lo consideras oportuno. Confía en los expertos, pero si pierdes la confianza, despídelos rápido.

Dennis ahorró dinero toda su vida, y cada vez que tenía un poco de dinero extra ahorrado, lo destinó a comprar otro concesionario o algún terreno en el que sus concesionarios estaban ubicados. Lo recuerdo diciéndome, "¿Por qué pagar el alquiler cuando se puede comprar?"

Trabajando con los gerentes de Georgia.

Como todos los otros Dennisismos, papá no sólo inventaba citas inteligentes, sino que eligió vivir de acuerdo con ellas. Sin su enfoque y creencia de invertir en sí mismo, yo nunca habría sido capaz de lograr la mitad de lo que tengo hoy en día.

Mi padre en acción: Hubo muchas veces en las que le consulté a mi padre sobre una idea nueva de inversión y siempre solía decirme "Invierte en ti mismo y no apuestes a los demás. ¿Vas a dirigir esta empresa?" Las primeras veces le contesté que no. Me deseaba suerte. Yo apostaba. Él no. Y la mayoría de las veces lo perdía todo. Una vez invirtió conmigo en una nueva idea que manejaba las cuentas de redes sociales de las celebridades y las monetizaba. Fue una gran idea y tenía algunos grandes empleados y cuentas, pero debido a un liderazgo ineficaz Dennis y yo perdimos seis cifras cada uno.

Esta fue una lección costosa de aprender, pero cambió mi espíritu emprendedor. A partir de ese momento, sólo invertiría en lo que pudiera controlar y las conversaciones con papá mejoraron y evolucionaron. Ahora, yo daba ideas y él decia su famosa: "¿Tienes pensado controlar esta empresa o deseas 'invertir'?" Empecé a responder "Sí, quiero controlarla," y estaba seguro de eso.

"Papá, quiero consolidar una empresa administrativa que servirá como oficina familiar también," le dije.

"¿Vas a controlar esta empresa?" me preguntó mi padre.

"Sí, lo haré," le respondí, y esta empresa ha funcionado muy bien. Esta situación se repetía cada vez que Dennis y yo abríamos otras empresas auxiliares que yo administraría directamente. El rendimiento de las empresas auxiliares promedia en el treinta y tres por ciento de nuestra rentabilidad total hoy en día y la familia ha cosechado los beneficios de una inversión inteligente.

Otro ejemplo que puedo citar sobre mi padre en acción fue cuando tuvo una conversación con el esposo de su hijastra Priscilla, Brad. Dennis y Brad se reunían periódicamente durante el almuerzo, para que Brad viera el punto de vista de mi padre en varios temas. Durante una de estas reuniones, se discutió el éxito profesional de mi padre. Su historia estaba llena de éxito y confianza, pero siempre mostraba una humildad consolidada.

Brad dijo, "La gran conclusión de nuestra conversación es invertir en ti mismo". Dennis nunca consideró que un empleo fuera una serie de tareas, sino más bien una oportunidad para aprender y crecer. Un ejemplo de esto fue su primer trabajo en un concesionario. A través del crecimiento y la comprensión de la empresa, se convirtió en una parte invaluable del éxito del concesionario. Finalmente, se acercó al dueño, solicitando comprar una parte y convertirse en copropietario. El dueño se negó, y Dennis renunció a su trabajo. Unos meses más tarde, el dueño se comunicó con Dennis porque necesitaba su ayuda, y aceptó que Dennis comprara y obtuviera su primera participación en la industria

Ceremonia de inauguración en Florida.

automotriz. Como sabemos, Dennis aprovechó esa oportunidad y convirtió la empresa en lo que eventualmente se volvió Murphy Auto Grupo.

La capacidad de Dennis de invertir en sí mismo le permitió retirarse de un trabajo exitoso, cuando la mayoría se habría quedado. Sabía que podía hacer más. Sin embargo, no era una apuesta, sino una inversión en sí mismo. Porlotonte, no se retiró apresuradamente. Durante su tiempo allí, construyó una base de conocimiento que no sólo lo hizo parte integral del modelo del negocio, sino que le permitió prosperar en otra posición que si no hubiera recibido la oferta de adquirir una parte del negocio.

Brad tiene razón, invertir en ti mismo no solo se refiere a libros y seminarios de autoayuda. Este Dennisismo debe influir en casi todas las grandes decisiones que hagas en tu entorno profesional y personal.

Dennis invirtió en sí mismo y pudo no solo crecer un concesionario exitoso, sino también enseñar y dejar un legado.

Sección de puntos clave para recordar

Recuerda que está bien estar en desacuerdo con cualquier Dennisismo y el noveno puede ser polémico. Si no estás de acuerdo, escribe en tu diario la razón por la cual no lo estás. Esto te resultará útil para crear tu plan personalizado de educación continua. Para el Capítulo 9, escribe en tu diario las conclusiones clave y responde las siguientes preguntas para mayor claridad:

1. ¿Estás de acuerdo con el Dennisismo?

2. ¿Eres un mejor apostador o inversionista?

3. ¿Eres del tipo de persona que invierten en sí misma?

4. ¿Por qué no tú? Mucha gente piensa que no se lo merece, ¡pero tú sí!

5. ¿Cuántas veces te han defraudado o decepcionado?

6. ¿Cuántas veces te has defraudado a ti mismo?

1. _____

2. _____

3. _____

4. _____

5. _____

6. _____

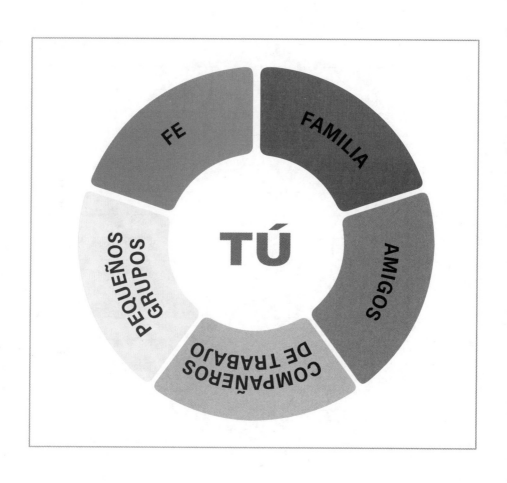

CAPÍTULO 10

Recuerda tus seis círculos de influencia

"No existe tal cosa como el equilibrio entre el trabajo y la vida personal, pero si amas lo que haces, puedes integrar ambos aspectos".
—Chris Ruisi

El Dennisismo: Recuerda tus seis círculos de influencia.

Orígenes: Cuando mi padre tenía aproximadamente treinta y cinco años, dedicaba mucho tiempo a trabajar en su negocio. Obviamente, esa inversión en sí mismo dio sus frutos, pero a los cincuenta, Dennis comenzó a hablar sobre todos los grupos de personas que habían influido en sus acciones. Y a medida que envejecía, comenzó a pasar tiempo con todos estos grupos de personas.

Mi interpretación como hijo: Cuando mi padre les enseñó este Dennisismo a los gerentes generales y ejecutivos de *Murphy Auto Group*, explicó que había seis áreas donde tenemos que asegurarnos de pasar tiempo. Los siguientes son los seis círculos de influencia:

1. Tu familia — Necesitas asegurarte de pasar suficiente tiempo con tu familia. Las personas en sus lechos de muerte no quieren una mayor calidad de tiempo sino una mayor cantidad de tiempo. "Las personas lo entienden todo al revés; asocian la calidad del tiempo con el trabajo y la cantidad de tiempo con el hogar," dijo el fallecido Chris Ruisi. Mi padre estaba totalmente de acuerdo. Tanto es así, que debemos de haber jugado casi mil rondas de golf juntos. Los dos estábamos ocupados, pero ambos dejábamos todo para jugar golf.

Dennis con su familia más allegada: Su hermano Alan Murphy y su esposa Patti, su hija Jennifer y su hijo Mike.

2. Tus amigos — Si quieres tener buenos amigos y buenas relaciones, debes ser un buen amigo. Dedica tiempo a tus amigos. Recuerda que no eliges a tu familia; naces en ella. Pero sí puedes escoger tus amigos; nadie lo hará por ti, solo tú.

3. Tus compañeros de trabajo — Este círculo es único. Pasamos mucho tiempo con nuestros compañeros de trabajo, pero ¿estamos construyendo relaciones con ellos? La gran mayoría de empleados saben menos del cinco por ciento de los nombres de sus compañeros de trabajo. Cuando construimos relaciones con las personas con las que trabajamos, hacemos las cosas de manera acelerada. Hacer las cosas con más rapidez genera tiempo discrecional para las otras cinco áreas.

4. Tus pequeños grupos — Muchos de nosotros disfrutamos las actividades en equipo y los deportes. Esto puede incluir grupos religiosos, deportes de club, grupos de golf y otros eventos que se realizan con el mismo tipo de personas. Hay muchos beneficios y oportunidades útiles de las actividades en equipo, entre las que se incluyen: el trabajo en equipo, la competencia, la dedicación a un equipo, la perseverancia, la fortaleza mental y la superación de las objeciones y la resistencia. Esta área suele ser la primer área de la que robamos tiempo a medida que se pierde el equilibrio.

5. Tu fe — Para que cada uno de nosotros alcance un verdadero equilibrio y viva la vida con el manejo adecuado de tiempo, debemos reservar algo de tiempo para participar y caminar con fe. Independientemente de cómo ores, dónde ores, cuándo ores, el nombre que le des a tu Dios, o la posición que adoptes para orar, esta actividad es buena para ti y para tu espíritu. Para ser consistente y mejorar tu vida debes responderte algunas preguntas filosóficas, como por ejemplo: ¿Por qué estoy aquí y quién soy yo? Sócrates dijo: "La vida sin examinar no vale la pena vivirla".

Dennis mantenía el balance de su círculo haciendo lo que más amaba, jugar golf con su hijo, y Harry Carter

6. Tú — Este círculo también debe mantenerse en equilibrio. Muchas personas no crean tiempo para sí mismos. El entrenador Chris Ruisi me decía todo el tiempo, "Mike, la reunión más importante que puedes tener es la que tienes contigo mismo". Es completamente aceptable programar una reunión contigo mismo en tu calendario. La mayoría de las personas que se desgastan a sí mismas, se han privado demasiado de su tiempo personal. Mi padre nunca nos explicó la razón de la existencia de los seis círculos. Cada círculo recibe una sexta parte de nuestro tiempo, pero nosotros debemos dedicar tiempo a cada uno de ellos. Mi padre murió siendo demasiado joven y el cáncer es terrible, pero con su acercamiento a los círculos de influencia no se equivocó. Pudo hacer muchas cosas, incluso creó todos estos Dennisismos que nos permiten seguir aprendiendo hoy en día.

Mi padre en acción: "Estoy trabajando tan duro como puedo, no me he tomado un día libre desde que tú y tu hijo compraron este concesionario," dijo un gerente general con tono descontento. "Bueno, eso es un problema, tienes que organizar tus tiempos," le respondió mi padre. "Nunca te hicimos trabajar de sol a sol, seis días a la semana, esa fue tu decisión. Nunca te privamos de pasar tiempo con tu familia, amigos y otras personas, esa también fue tu decisión. Es muy importante que recuerdes tus seis círculos de influencia". Los mejores y más sólidos líderes de equipo, han alcanzado un equilibrio en lo que respecta a sus círculos de influencia. El mensaje que mi padre pretendía comunicar es que nosotros, como propietarios, te indicamos los resultados que debes obtener para que podamos concretar nuestros objetivos y para que tu puedas conservar tu puesto. *Murphy Auto Group* nunca ha ordenado a sus líderes pasar todo su tiempo en el trabajo o en la práctica. Los empleados y jugadores más duraderos son los que alcanzan un equilibrio en la vida.

Cuando me casé en el año 2015, mi padre me dijo "Ahora eres responsable de mucho más que de ti y de tu tiempo. Debes dejar de trabajar de noche durante la semana, cuando ya estás trabajando días de diez horas". ¿Cuál es el punto de ser exitoso en los negocios y de tener

Mike, su esposa, Sylvana, e hija, Reagan

dinero si no tienes salud o alguien con quien compartirlo? Mi padre no me estaba diciendo que trabajara menos, solo quería que yo trabajara de manera inteligente. Cada padre quiere que su hijo aprenda de sus errores, y él no era diferente.

Mi padre era, en todo sentido, un adicto al trabajo y no quería que yo cometiera los mismos errores. A pesar de que todavía tengo tendencias adictivas al trabajo, me esfuerzo por no enojarme. Perder a mi papá ha sido terrible y que me sucediera siendo aún joven hace que sea más fácil estar enojado con Dios. Sin embargo, no lo estoy, todavía estoy asombrado y enamorado de nuestro Creador. Este último Dennisismo es por el que más luchó y en el que seguiré trabajando. No seas como yo, encuentra el equilibrio ahora y recuerda tus seis círculos de influencia.

En el primer capítulo hablamos sobre cómo armar tu plan de educación continua. Recapitulemos de nuevo ahora. Mi padre siempre me hacía preguntas abiertas y me pedía que escribiera mis respuestas en el diario. El propósito de escribir las respuestas a las preguntas formuladas al final de cada capítulo en la sección de puntos clave para recordar es utilizar la información para desarrollar un plan personalizado de educación continua basado en las lecciones aprendidas en este libro.

Dicho plan permitirá hacer lo siguiente al finalizar el libro:

1. Separar las lecciones del capítulo en dos categorías:

   A. Lecciones con las que estás de acuerdo.

   B. Lecciones con las que NO estás de acuerdo.

2. Dar prioridad a las lecciones con las que tú estés de acuerdo.

3. Implementar primero las lecciones más importantes en tu vida.

4. Crear una línea de tiempo para poner en práctica todas las lecciones con las que estás de acuerdo.

5. ¡Compra el segundo libro y repite el proceso!

Sección de puntos clave para recordar

El Dennisismo del Capítulo 10 es el último de este libro. Anota tus principales conclusiones y responde a las siguientes preguntas:

1. ¿Estás de acuerdo con el Dennisismo?

2. ¿Estoy renunciando a mi tiempo personal? En caso afirmativo, ¿Para qué?

3. ¿En cuál de los seis círculos necesito mejorar?

4. He pasado tiempo con mis compañeros de trabajo, pero ¿los conozco realmente?

5. ¿Te describirías a ti mismo como un adicto al trabajo? Si es así, ¿consideras que es algo bueno?

6. ¿Con quién compartirás este Dennisismo?

1. _____
_____
_____
_____
_____

2. _____
_____
_____
_____
_____

3. _____
_____
_____
_____
_____

4. _____
_____
_____
_____
_____

5. _____
_____
_____
_____
_____

6. _____
_____
_____
_____
_____

CONCLUSIÓN

Como Dennis nos sigue transmitiendo sus enseñanzas hoy en día

"Es lo único que puedes controlar. Tu eres responsable de cómo la gente te recuerda o no. Así que no te lo tomes a la ligera".
—*Kobe Bryant*

Aunque Dennis murió el 28 de agosto de 2020, su energía, lecciones, enseñanza, recuerdos e influencia siguen vivos en el recuerdo de todos sus seres queridos, amigos y familiares. La Fundación Dennis Murphy para la investigación de una cura para el mieloma múltiple está en proceso y comenzará a funcionar muy pronto. El cincuenta por ciento de los fondos del libro se destinarán a encontrar una cura para el mieloma múltiple que le quitó la vida a mi padre. El otro cincuenta por ciento de los fondos se destinarán a La Fundación Dennis Murphy y Familia.

Como su hijo, lo extraño mucho, pero encuentro consuelo en el hecho de que, aunque los médicos le dieron dos o tres años de vida, Dios le concedió doce, casi ¡trece! Recuerda, Dios no comete errores.

El siguiente material se encuentra disponible:
- Veinte o más horas de enseñanza de Dennis a empleados de Murphy Grupo Automotriz.
- Cientos de páginas de notas de su oficina en casa.
- Una lista de sus libros favoritos.
- Una lista de personas que influyeron en su vida.
- Mis historias personales y profesionales, experiencias y enseñanzas.

Debido a que toda esta información está disponible, estoy orgulloso de anunciar que este libro, *"Dennisismos": Lecciones de liderazgo que aprendí de mi padre*, va a ser el primer libro de una serie que incluye los siguientes libros:

- *Diez Dennisismos más − Lecciones que olvidé haber aprendido de mi padre*
- *El sueño americano de Murphy (Biografía de mi padre)*
- *Cómo Murphy Auto Group prosperó durante la pandemia por el Covid-19*

Hay una forma más en la que mi padre todavía me enseña hoy en día. Como familia cristiana, creemos que su cuerpo permanece en tierra para ser reutilizado y su alma va al cielo. Todavía siento y escucho a papá enseñándome desde el cielo. Lo he visto en sueños, y puedo escuchar sus consejos sobre el campo de golf. Terminé este libro dentro del primer mes de su fallecimiento. Hice mi investigación y vi muchos videos, pero gran parte de este libro fue escrito por él a través de mí. Esta experiencia es algo que me ha ayudado a conmemorar gran parte de sus enseñanzas.

A mi hija Reagan, tal como te digo todas las noches, el abuelo te ama y desea lo mejor para ti en la vida. Las cosas se pondrán difíciles y tendrás que luchar por lo que quieres, pero si Dios está de tu lado, nadie podrá oponerse a lo que desees. Dios tiene un plan para ti y lo sabrás a su debido tiempo.

Esta serie de libros no sería posible si no fuera por todas las historias que los amigos y familiares de mi padre compartieron conmigo. Si tienes una gran historia sobre mi padre o un buen "Dennisismo" puedes enviarlo por Facebook o Instagram:

Facebook@RealMikeMurphy
Instagram@RealMikeMurphy

Gracias, Papá.

ACERCA DEL AUTOR
Michael Dennis Murphy

Michael Dennis Murphy, también conocido como @TheRealMikeMurphy, es un líder empresarial moderno, emprendedo e influencer social. Mike comenzó su carrera en la industria automotriz a la edad de catorce años lavando coches en el concesionario de su padre (Dennis Murphy), en Florida. Desde muy joven, Mike aprendió el valor de las políticas y procedimientos de la empresa de su padre, y utilizó esas lecciones para hacer crecer *Murphy Auto Group* a cinco concesionarios de automóviles en Florida, Georgia y el Carolina Del Sur. Mike egresó de Florida Atlantic University con una licenciatura en Administración de Empresas y Desarrollo de Bienes Raíces con Especialización en Mercadeo. También completó la Formación de Gerentes Senior en la Universidad de Toyota.

Mike utilizó sus habilidades empresariales durante la universidad para construir un negocio mayorista de autos usados de venta a los concesionarios. Esta fue solo la primera de muchas fuentes de ingresos que Mike creó y administró a lo largo de los años. Las empresas auxiliares y subsidiarias incluyen una empresa administrativa, una empresa de publicidad, dos compañías de garantía propiedad del concesionario, múltiples LLC, y empresas inmobiliarias.

Con palabras de sabiduría de sus mentores, incluso su padre Dennis Murphy, y el entrenador Chris Ruisi, Mike ha capacitado a cientos de empleados en *Murphy Auto Group* y en otras empresas. Con todos sus emprendimientos, el deseo de Mike es brindarles a los empleados la oportunidad de conocer y superar sus propias expectativas profesionales,

y personales. Mike comparte las fórmulas y procesos que implementó para llevar a múltiples concesionarios del cinco por ciento inferior del valor de mercado de la competencia, al cinco por ciento superior.

Michael Dennis Murphy ha aparecido en varias publicaciones como Yahoo! Finance, AP News, y muchas más. También es colaborador de contenido de Forbes.

REGISTRA TU LIBRO PARA OBTENER MÁS OPORTUNIDADES DE APRENDIZAJE

Agradezco tu interés en *"Dennisismos": Lecciones de liderazgo que aprendí de mi padre*. Hay tantos Dennisismos más que aún no han sido conmemorados y es imposible incluirlos todos en uno o dos libros.

Para registrar tu libro: visita www.realmikemurphy.com y haz clic en el enlace "Registrar mi libro".

Esta será una decisión que cosechará muchos frutos. La inversión más importante que puedes hacer es en ti mismo. Esta información adicional te permitirá obtener un beneficio personal y profesional, a lo largo de toda tu carrera.

Entonces, ¿qué estás esperando? No lo hagas hoy, ¡hazlo ahora mismo!

"El mejor regalo que tuve en la vida vino de las manos de Dios. Yo le llame Papá".

Anónimo